アセンション
パラレル

すべて望み通りの世界へシフトする

吉濱ツトム 著

あなたは、この世は多世界（パラレルワールド）であり、
パラレルワールドが無限に存在していることを
知っていますか。
私たちは長年「今、この世界のみで生きている」と
信じ込まされていました。
だからどんなに苦しくても、努力で乗り越え、
それさえ無理なら今の現実を甘んじて受け入れなさい、
と無理やり押しつけられてきたのです。

ですが、そもそも「この世界はひとつである」という解釈は、
物理学上、限界に到達しています。
その解釈だけでは、この世に起こるあらゆる奇跡に、
説明がつかなくなっているのです。
科学者たちはついにその存在を
見つめざるを得なくなってきました。
それがパラレルワールドです。

パラレルワールドにはそれぞれの宇宙があります。
ですが、それらは単独ではなく、すべてつながっている。
そして、その世界間を我々は自由に移動（シフト）できる、
これがこの世の真実です。

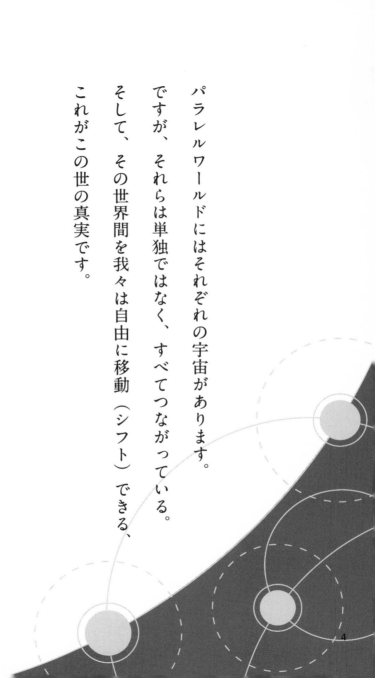

ですから、安心してください。

今あなたが何らかの不安やトラブルを抱えていても、
「アセンションパラレル」には、
すべてを悟り、本当の幸せにたどり着いているあなたが、
もうすでに存在《いる》のです。

そして知ってください。
あなたが望むのならば、
アセンションパラレルのあなたと融合し、
そちらへパラレルシフトしていくことが
可能だということを。

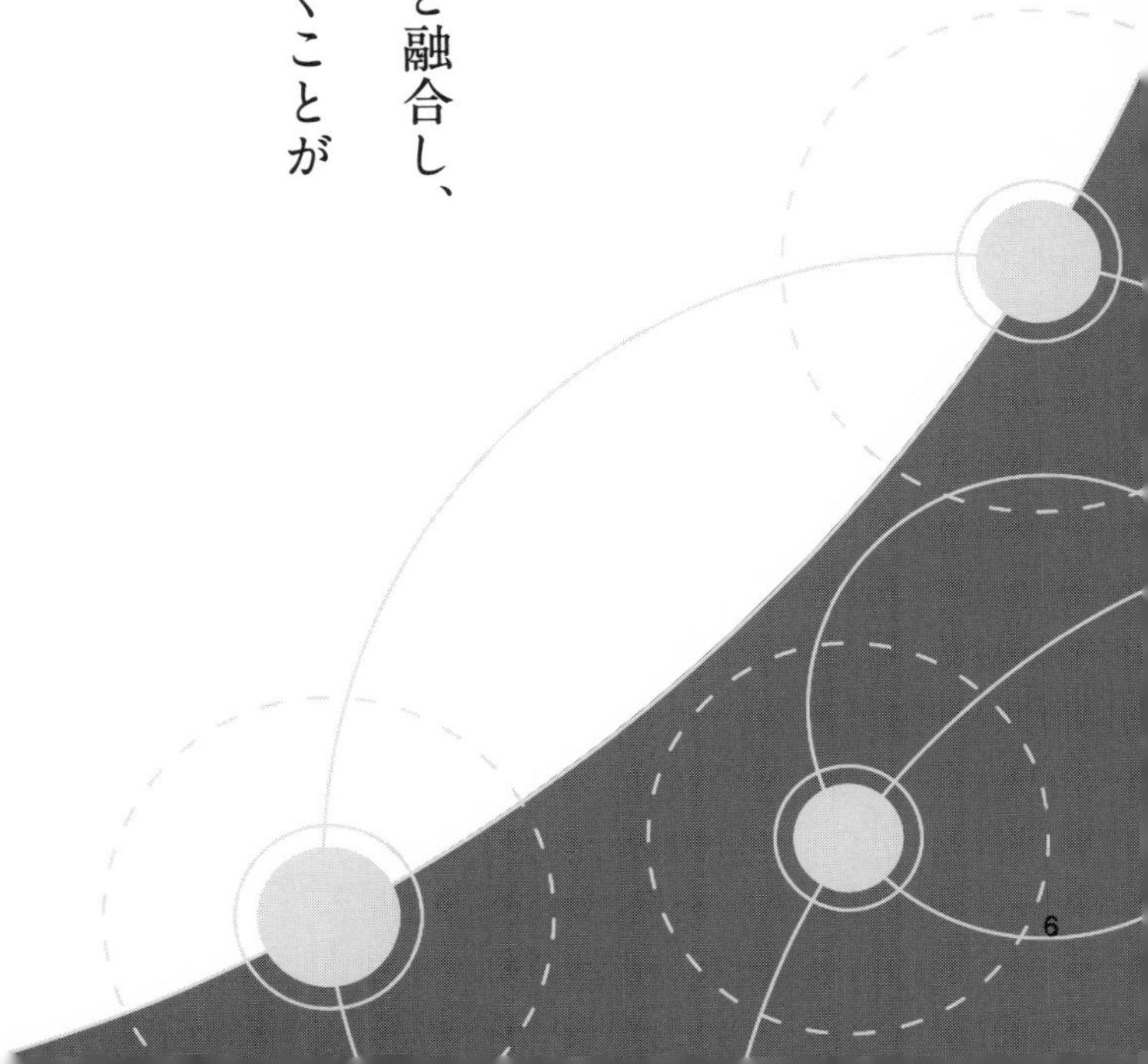

はじめに　〝意識〟があなたをアセンションさせる

あなたが望むものは、すべて目の前にある。

ちょっと手を伸ばせば……どころか、「それ」に意識を向けるだけで、あなたはそれを手に入れられる。

あなたの望み通りの未来は、すでに用意されている。

あなたは、それを選ぶだけでいい。


この本で伝えたいのは、そのことです。


「そんなにうまくいくはずがない」

「そんなに簡単な話のわけがない」

きっとあなたは、そう思うでしょう。

無理もありません。

この世界は厳しいところだ、危険なところだ、そんなにうまい話はない、ラクな道はない――と考えてしまうのは、人間のクセです。それこそが人間らしさと言ってもいい。

人間の最大の本能は、防衛本能です。

人類の歴史のほぼ全体にわたって、この世界はとても危険な場所でした。外に出たら敵に殺されるか、野獣に食われるか。そうでなければ感染症で死ぬか、飢えて死ぬか。それがほとんどのヒトの運命でした。子どもを生むまで生き延びられるだけでも幸運だったのです。

そんな脅威だらけの世界で生き延びるにはどうしたらいいか。なるべく危険に敏感になって、危険を避けるしかありません。

だから、人間はいつも油断なく、危険なもの、怖いもの、よくわからないものに注意を向けるように進化しました。

その名残で、私たちは今でも「この世界は厳しいところだ、危険なところだ、うまい話もラクな道もない」と、自然に思ってしまうわけです。

もちろん、現代社会では、いきなり猛獣に襲われたり、食べるものがなくなったりはしませんが、そのかわりに仕事の不満、人間関係の不愉快、暗いニュース、殺伐としたSNS——といったネガティブ情報に目を向けてしまうのです。

仕方のないことではあるのですが、しかし、これによって見過ごされているものがあります。

あなたの目の前にある、より良い未来。

そして、理想の未来です。

本書で詳しく説明していきますが、あなたが望む未来（自分がどんな未来を望んでいるか、はっきりしないという方も心配ありません）は、すでに存在しています。

ひとつのパラレルワールドとして。

それが、「**アセンションパラレル**」です。

パラレルワールドの意味については、後で詳しく説明しますが、ここでは「世界」はたくさん存在し、それぞれの「世界」にそれぞれの「自分」が生きている、と考えてください。

そして、今あなたが生きているパラレルワールドから、アセンションパラレル（あなたが理想とする未来へつながっているパラレルワールドです）へ移動することは、決して難しくありません。

なぜなら、アセンションパラレルへ移動するために必要なのは、あなたの意識の力だけだからです。

ところが、先ほど言ったように、私たちの意識は、放っておいたら日常の不満や不安、心が暗くなるようなニュースやＳＮＳのやりとりに向いてしまいます。

すぐそばにあるパラレルワールド、理想の未来へ続くもうひとつの世界、といったものには気づけない。

だから、パラレルワールドと言われても、多くの人は「それって、映画や小説の中の話でしょ？」と思ってしまうのです。

では、どうすればその移動――パラレルシフトが現実に可能になるのかを説明していくのがこの本です。

本書の内容を簡単に紹介しましょう。

第1章　アセンションパラレルとこの世の仕組み

フィクションの世界ではおなじみのモチーフであるパラレルワールドは、実際にはどんなものなのか。そもそも、いくつものパラレルワールドが同時に存在していることの世界は、どのような仕組みになっているのか。

そして、その仕組みがあなたの未来とどのように関わっているのか。そんな基本的な知識をこの章では学びます。

第2章　パラレルシフトで「幸運な未来」を選ぶ

パラレルワールドを理解すると、未来を変えるとは、より良いパラレルワールドを「選ぶ」ことだとわかります。この章では、あなたにとって理想のパラレルワールドを選び、そこに移動する「パラレルシフト」の方法について説明します。

また、これまで多くの人がとらわれてきた「引き寄せる」という考え方から脱し、「選ぶ」ことで幸福になるというパラダイム転換を図ります。

第３章　パラレルシフトする意識のつくり方

パラレルシフトをするのに特別な能力は必要ありません。誰でも持っている（そして日常的に使っている）ある能力を訓練、あるいは調整するだけで十分です。この章ではそのためのエクササイズについて具体的に説明します。

第４章　勝手にアセンションパラレルへ向かう毎日に変える

パラレルシフトをすることは難しくありません。ただ、それがより容易に、より早く実現するためには、日常生活の習慣を変えてみるのもいいでしょう。

この章では、パラレルシフトが勝手に実現してしまう生活上のティップスを紹介します。

ここまで読んでも、まだあなたは「パラレルワールド？　よくわからない」と感じているかもしれません。

大丈夫です。おそらく、この本を読み終わる頃には、あなたはすぐそばにある無数のパラレルワールドを現実の存在として感じられるようになっているはずです。

そして、そうなれば、あなたはすでに理想の未来を手に入れたも同然なのです。

さあ、私と一緒にでかけましょう。

この世界の秘密を知り、本当の人生を手に入れるための旅に。

アセンションパラレル●もくじ

第2章　パラレルシフトで「幸運な未来」を選ぶ

第3章　パラレルシフトする意識のつくり方

第4章　勝手にアセンションパラレルへ向かう毎日に変える

第1章

アセンションパラレルとこの世の仕組み

多世界という世の仕組み

多世界（パラレルワールド）、という言葉はあなたも聞いたことがあるでしょう。
いま、あなたが生きているこの世界の他にも、別の世界がある。
あるいは、いま生きている現実以外に、別の現実がある。
それがパラレルワールドです。

たとえば、この世界に生きるあなたは、２０２０年に大流行した新型コロナウイルス感染症の影響で、以前から予定していたバリ島への旅行を中止せざるをえなかった、としましょう。

ところが、別の、もうひとつの現実世界――パラレルワールドでは、２０２０年にウイルスのまん延は起きていません。あなたは予定通りバリ島に出かけ、友人と一緒に観光を楽しんでいる……。

こうしたパラレルワールドは、映画や小説、マンガなどのフィクションの世界でよく描かれます。

別の世界に生きている、自分とよく似たもうひとりの「自分」。あるいは、自分とはまったく違う人生を生きている、まるで別人のような、けれどもやっぱりもうひとりの「自分」。

とても心ひかれるテーマですし、多くのクリエイターが物語の題材に選ぶのもうなずけます。

といっても、パラレルワールド自体は決してフィクションではありません。

パラレルワールドはたしかに実在します。

たとえば、パラレルワールドの存在については、すでに物理学者たちが真剣に議論するようになって何十年もたっています。これについては後でわかりやすく説明しますが、量子力学という物理学の一分野が開拓されたのとともに、パラレルワールドについての真面目な議論がはじまって、深められてきたのです。

その解説は後まわしにするとして、まずはもっとわかりやすいパラレルワールドの説明からはじめましょう。

まずはこの世界の仕組みからお話ししていきたいと思います。

現実はすべてホログラフィー（幻影）

ブッダ、すなわちお釈迦様の有名な言葉があります。

「この世はマーヤ（幻想）である」

この言葉は、普通はブッダの「悟り」の境地を表したものと解釈されます。

長い修行のすえ、「悟り」の境地に到達したブッダにとって、この世界の現実――幸福や不幸、幸運や不運、人の喜怒哀楽、貧富の差や人間同士の争いといった社会現象などはすべて「幻」のように感じられた――という意味です。

この解釈はもちろん正しいのですが、ブッダの言葉の意味はそれだけではありません。

事実、この世界は幻想なのです。

あるいは、**ホログラフィー（幻影）**と言ったほうがわかりやすいかもしれません。

たとえて言うなら、この世界のあり方は映画館とつくりが同じである、ということ。それも、現代のデジタル化された映画館ではなくて、暗闇で映写機がフィルムをまわしている、古い映画館です。

昔の映画館では、フィルムを通した光をスクリーンに投影することによって、スクリーンのなかにひとつの世界を映し出していました。

あなたや私が暮らしているこの世界は、ちょうどこれと同じ。スクリーンに映し出された映画の中の世界と同じなのです。

この世界が映画と同じ——というと、にわかには信じられないかもしれません。私たちが住んでいる世界は、手で触れられる、もっとしっかりした物質の世界だと、思うでしょう。

たしかに、ある意味で物質が幅を利かせているのがこの世界です。スクリーンと違って立体的だし、「もの」の手応えが感じられる。映画とは全然違うようにも思えます。

では、もう少し視野を広げて考えてみましょう。

私たちが暮らしているこの世界の上には何があるか。まず、幽界《ゆうかい》があります。幽界は、恨みや悲しみ、憎しみといったネガティブな感情、そして物質的な欲望に執着し過ぎた人たちが、死後に送られる世界です。

さらにその上にあるのが、冥界《めいかい》です。こちらは使命や信念、価値観に固執してしまった人がいく不成仏霊の世界です。

さらにまたその上があります。ここがいわゆる「あの世」です。輪廻転生を待つ場所です。

そして、「あの世」のさらに上、ここが一番上です。ここにあるのが、高次元です。高次元は、良いものだけで構成されている極楽のような世界です。聖人や悟りを得た覚者、つまり、もう生まれ変わる必要のない人たちが集まる場所になっています。

さて、ここまで理解した上で、「この世は映写機から投影された映像のようなものである」という話に戻りましょう。実は、高次元こそここでいう映写機にあたるもの

幽界
冥界
あの世
高次元

なのです。

つまり、私たちが住むこの世界は、高次元からエネルギー情報が投影されることによってつくり出されているということ。

スクリーン側にあるこの世界、そしてそこに住む私たちは、高次元から投影されたホログラフィー（幻影）です。

ブッダが言ったように、まさに「この世はマーヤ（幻想）」なのです。

この世に「悪」がある理由

私たちは高次元という「映写機」から投影された「映像」であって、実体はありません。

ここで、疑問が湧いたかもしれません。

良いものだけで構成されている高次元から投影されたのがこの世界であり、私たち人間である。

だとしたら、この世は極楽浄土のようになっていなければおかしい。そして、私も、他の人たちも、もっと幸福に生きられているはずだ――と。

たしかに、その通りです。

ですが、実際にこの世界には、戦争も災害も貧困もあります。憎悪があり、嫉妬があり、悪意がはびこっている。私もあなたも苦しんでいる。高次元から投影された存在であるにもかかわらず、です。

なぜそうなるのでしょうか。

ここでも、引き続き映写機のたとえを使うのがわかりやすいでしょう。

子どもの頃、学校や公民館などで開かれたアニメ映画の上映会を見に行った経験があるかもしれません。あるいは、カーテンを閉め切った視聴覚室で、古いフィルム映像を見せられた経験がある人もいるのではないでしょうか。

こういう場にかならずいたのが、映写機から投影された光に手をかざすいたずらっ子です。スクリーンに大きな手の形をした影が映って、映画を台無しにしてしまう。

それが悪ガキにはおもしろいわけです（何を隠そう、私もそんな悪ガキのひとりでした）。

実は、さきほど触れた冥界と幽界は、このいたずらっ子と同じことをしているのです。

高次元から投影された光は、この世界（スクリーン）に届くまでに、冥界と幽界を通ります。このときに、いたずらっ子が手をかざすように、冥界と幽界が邪魔をします。そのせいで、**本来、極楽浄土のような世界を映し出すはずだった高次元からのエネルギーが、病気、戦争、飢餓、エゴ、劣等感、妬みといった、ネガティブなものへ変換されてしまう**のです。

仕組みは同じでも、冥界と幽界のしていることはいたずらでは済まないほど、人類に多大な影響を及ぼしています。

これが、この世界にネガティブなものが多発してしまう仕組みです。

本来、高次元からの情報の投影であるはずのあなたにも、同様のことが起きています。

冥界と幽界が高次元からのエネルギーを歪めることによって、本来の能力を発揮できず、人間関係で悩み、さまざまなストレスを抱え、「どうしてこんな人生なんだろう」と日々苦しみ続ける……そんな生活になるわけです。

いかがでしょうか。ここまでの説明で、この世がホログラフィーであることを理解していただけたでしょうか。

ホログラフィーであるというのは、現世が高次元からの情報エネルギーの投影であるということを意味しています。しかも、そのエネルギーは冥界と幽界によって歪められてしまっている、という仕組みをご理解いただけたと思います。

この説明を踏まえると、アセンションとは何か、もわかりやすくなります。

アセンションというのは、いま説明した幽界・冥界の干渉（邪魔）が消えて、高次元からのエネルギー情報がダイレクトに投影された世界が実現されること、です。

つまり、この世界が、良いものだけで構成された高次元からの投影、という本来の姿を取り戻すことなのです。

幸いなことに、いま、この幽界・冥界のエネルギーは急速に消えつつあります。それが、地球が波動上昇しているということ。詳しくは拙著『人類史上最大の波動上昇が訪れた！』（徳間書店）という本のなかでも説明していますので、もし興味があれば読んでみてください。

その意味で、**この世界はどんどんアセンションしやすくなっていますし、アセンションは確実に近づいている**、ということを覚えておきましょう。

「自分はアセンションに取り残されるだろうか」なんて焦ることはありませんし、当然「アセンションゲートが閉じるのでは……」といった心配をする必要もまったくありません。これについては、最後の章でも説明します。

フィルムの数だけパラレルワールドがある

パラレルワールドの話に戻ります。

この世界が、高次元という映写機から投影された映像のようなもの、つまり幻影であるということ。

このこととパラレルワールドは、どう関係するのでしょうか。これも、まずは映画館のたとえで考えるとわかりやすいです。

映写機にかけられるフィルムは、たくさんあります。フィルムが投影されてつくり出される映画の世界も、たくさんある。映画はそれぞれに別の世界を描いているわけです。

高次元という「映写機」は、いってみれば、無数のフィルムライブラリーを持っています。数え切れないほどのフィルムがあり、それぞれのフィルムは別の世界を描いた作品です。

したがって、それが投影されて映し出される世界の数も無限。無限の世界が存在している。これがパラレルワールドです。

私たちは、無限のフィルムがつくり出す、無限の世界のなかのひとつを選んで、そこで生きているに過ぎません。

ということは、同時に、他のスクリーンには別の世界が映し出されているということとでもあります。しかも、そんなスクリーンが無限に存在するのです。パラレルワールドとは、「スクリーン数が無限に存在する、超巨大なシネマコンプレックス」のようなものとも言えます。

別のパラレルワールド、つまり別のスクリーンに投影されている世界は、あなたがいま生きている世界によく似ていることもあるし、似ても似つかないこともあります。だから、別のパラレルワールドにいるあなたは、あなたとよく似ていることもあるし、全然似ていないこともあります。そもそも、あなたが存在しないパラレルワールドもありますし、地球という星が存在していないパラレルワールドもある。

そんなパラレルワールドが、無数に存在しているのです。

物理学から見たパラレルワールド

興味深いのは、最新の物理学も、まったく違う説明の仕方ではありますが、パラレルワールドを認めていることです。

物理学的なパラレルワールドの説明には、いくつかの種類があります。そのひとつは、たとえばこんな説明です。

宇宙はとてつもなく広い、ということはご存知でしょう。少し詳しい人なら、「宇宙の広さは、138億光年」という知識があるかもしれません。光は1秒間に地球を7周半もできる速さで進みます。その速さで1年間に進む距離を1光年としているので、138億光年というのがとんでもない距離であることがわかります。

といっても、実は「宇宙の広さが138億光年である」というのは不正確です。実際には、「観測できる宇宙の広さは138億光年」が正しい表現です。では、観測できない部分も含めると、宇宙の広さはどのくらいか。それこそ「無限」です。なぜなら、宇宙はいまも、光よりも速い速度で拡大し続けているからです。

さて、宇宙は無限に広いことがわかりました。

ここで、ちょっと考えてみてください。サイコロを7回振って、同じ目が7回連続で出たとします。トリックや超能力を使ったのでないとすれば、これは「奇跡」だと誰もが思います。

では、サイコロを100回、1000回、1万回、1億回……さらには無限に振っていったらどうでしょう。その中で、同じ目が7回続けて出ることがあったとしたら？「無限に振るなら、それくらいの偶然は当然ある」と思いますよね。その通りです。これは、奇跡でもなんでもありません。

さて、宇宙は無限に広い、ということを思い出してください。無限に広い宇宙で、偶然この地球という星が生まれました。無限に広いということは、無限回数サイコロを振るのと同じです。だから、偶然に地球とまったく同じ星が宇宙のどこかに生まれることも、いくらでもありえます。

その星の上で、この地球と同じように生物が生まれ、進化して、人類が繁栄することも、いくらでもありえます。その人類が、偶然に、私たちと同じ歴史を歩むことだって、やっぱりいくらでもありえます。

ということは、その星で、偶然にあなたとそっくりな人が生まれ、あなたと寸分たがわぬ人生を歩むことだって、いくらでもありえるのです。

もちろん、あなたとよく似ているけれど、微妙に違う人生を生きるもうひとりのあなただって無数に存在するはずです。

つまり、**この宇宙のどこかで、もうひとりのあなたが別の人生を送っている。**そんなパラレルワールドもある、というわけです。

この説明は、私たちが住んでいるこの宇宙の中にも、パラレルワールドがある、というものです。

「多世界解釈」のパラレルワールド

さて、物理学の世界には、もうひとつの有名なパラレルワールドの説明があります。それは、いまあなたが住んでいる世界とはまったく別の世界が存在する、というもの。物理学の世界で、「多世界解釈」と呼ばれているものです。

詳しく説明するとかなり難解な話になりますが、どうかご心配なく。ここでは、イメージを掴んでもらうために、わかりやすくポイントだけを説明します。

まず、今日の朝、あなたが出勤するために駅のホームに立っていたと考えてください。

しばらく待っていると、ホームに満員電車が入ってきます。これから、ぎゅうぎゅうの電車に乗って会社に向かわなければいけない。

一方、となりのホームにはガラガラの電車が止まっています。郊外へ向かう反対方向の電車です。

あなたはふと考えます。

「あの空いている電車に乗って、海を見に行けたら最高だろうな……」

けれども、あなたはすぐにそんな夢想を振り払って満員電車に乗り込み、出勤して、いつも通りに仕事をこなして一日を終えます。

反対方向の電車に乗って、会社をサボって海に行く。これはあなたが空想したことです。実際には、あなたは反対方向の電車には乗っていない。いつも通りの電車に乗って、会社に出勤して、ちゃんと仕事をしたのです。夢を見るのは簡単だけれど、実行するのはむずかしい。「人生は思い通りにいかない」と、普通はそれで終わってしまう話です。

これまではこれが当然でした。しかし、現代は少しずつですがこの考え方以外の理論を唱える科学者が増えてきています。

たしかに、あなたはいつも通りの電車に乗って会社に行った。それは事実です。一方で、反対方向の電車に乗って、会社をサボってしまったあなたも存在する、と考えるのです。

駅のホームであなたは迷いました。「このままいつもの電車に乗るか、それとも反対方向の電車に乗るか」。ここで、いつも通りの電車に乗ったあなたAと、反対方向の電車に乗ったあなたBの運命は分かれます。この時点から、それぞれ別の人生――つまり、別のパラレルワールドを生きていると考えるのです。

つまり、あなたAはいつも通りに会社へ行って、あれこれストレスを感じながらも仕事をこなし、少し残業もして退社して、家に帰って寝転がって本を読んでいる。あなたBは、反対方向の電車に乗って郊外に出かけて行き、山でハイキングを満喫して帰ってきて、いまは会社からかかってくる電話を無視しながらテレビを見ている……というわけです。

まとめて言うと、「どちらの電車に乗るか」という選択で、２つのパラレルワールドが生まれ、2人のあなたが別々の世界で生きるようになった、ということです。

勘のいい方はもう気づいているでしょう。

実は、この「パラレルワールドの分岐」は、あらゆる選択について起きています。

「選択」でパラレルワールドは無限に分かれる

たとえば、朝起きたあなたは、朝食にシリアルを食べようとして、でも牛乳を出すのも面倒だし——と思って、その隣にあったバナナを頰張って朝ごはんを済ませたとします。

ですがそれと同時に、冷蔵庫から牛乳を取り出して、シリアルにかけて朝ごはんを食べた、というあなたも存在するのです。このような些細なことでパラレルワールドは枝分かれしていきます。

それだけではありません。シリアルに牛乳をかけるのが面倒くさいので、シリアル

だけを袋から直接口に流し込んで、バリバリと噛み砕いて朝ごはんがわりにしたあなたも存在します。結局何も食べずに家を出たあなたも存在します。

パラレルワールドの分岐は、実は2つに分かれているとは限りません。**ありえた選択の数だけ、無数のあなたが存在し、それぞれのパラレルワールドを生きている**ということです。

考えてみてください。

生きるということは、選択の連続です。

選択と言っても、いかにも運命を変えそうな大きな選択だけではありません。朝ごはんを何にするか、靴を右足から履くか左足から履くか、床に脱ぎ捨ててあったTシャツを拾って洗濯機に入れるか、面倒くさいから放っておくか……などなど、日々の生活にある些細な選択は、私たちの人生そのものです。

その無数の選択それぞれについて、どれを選択するかによっていくつもの分岐があり、パラレルワールドがあるのです。

あなたが生きているのは、その無数のパラレルワールドのなかのひとつに過ぎない。

他のパラレルワールドでは、あなたBやあなたC、D、E……無限の数のあなたが、それぞれの人生を生きているのです。

くり返しますが、これは「多世界解釈」という、現代物理学の理論が説明するパラレルワールドです。物理学者が真剣にこんなことを言っているなんて、ちょっと驚きかもしれません。しかし、事実そうなのです。

本格的に説明するとなると、かなりむずかしい話になるので思い切ってはしょりますが、量子論という現在の物理学では常識になっている理論があります。これまでの古典物理学では、ある実験において、計算予測されたはずの結果と実際の結果のあいだで生じる矛盾に対し、目をつむるという方法をとってきました。ですが、実験結果と矛盾がないように現実世界のあり方を考えると、もっとも自然な解釈は「世界はパラレルワールドに分かれている」という「多世界解釈」になるのです。

この本は物理学の解説書ではありません。しかし、この「多世界解釈」によって描かれる、無数の枝分かれによって出来上がった無限のパラレルワールドというイメージは、まさにこれから語ろうとしているパラレルワールドの姿と共通しています。

このイメージを覚えておいていただくと、この先の話を理解しやすいと思います。

時間は存在しない

無数の分岐点をもち、そこからいくつも枝分かれしているパラレルワールド。

その姿は、人間の毛細血管のようでもあります。インターネットのような、情報・通信網の広がりのようでもありますね。ということは、人間の神経細胞の複雑な網目にも似ている。つまり、ある種のネットワークのような姿です。

いまのあなたは、このネットワークのなかで、分岐ごとにある選択をして、その選択を積み重ねてきた結果なわけです。

当然、あなたはこれまで人生を生きてきた、それなりに長い時間を積み重ねてきた、と感じているでしょう。その感覚は間違いではありません。

けれども、パラレルワールドとの関係で考えると、別の事実が見えてきます。この無数のパラレルワールドは、あなたの選択によって生まれる、とここまで説明してきました。そのほうが感覚的にわかりやすいからです。

しかし、正確に言うと、パラレルワールドはあなたが生きることによって、生まれていくのではありません。すべて、あらかじめつくられています。

つまり、**あなたの人生は時間の積み重ねによってつくられるのではない**。

あなたが生きるとは、あらかじめつくられた広大なネットワークのなかで、そのうちのどれかのルート＝パラレルワールドを選ぶこと、なのです。

それは、コンピューターゲームと似ています。それも、『あつまれどうぶつの森』や『マインクラフト』のような、自由度の高いゲームをイメージするとわかりやすいでしょう。

あなたは自分で好きな方向に歩き、集めたいアイテムを集め、家を好きなデザインでつくり、興味のあるキャラクターと交流し……と、自分の思い通りにゲームを進めます。

しかし、実際には、あなたが選んだ行動、そして選ばなかった行動も含めて、すべてのプログラムはあらかじめつくられています。もちろん、プレイヤーによって、どんな行動をするかは千差万別で、自由です。だからこそおもしろい。そもそも、自由度の高いゲームは、はじめるとき自身のキャラクターをどのように設定するかも決められます。

そういった無数の可能性も、すべてプログラマーたちがあらかじめつくってある。あなたはその中の1パターンを選んできたに過ぎないのです。

パラレルワールドも、これと同じです。あなたがこれまで選んできたルート、選ばなかったルート。そして、これから選ぶ可能性があるルートも含めて、すべてはあらかじめ存在しています。あなたはその中からひとつを選ぶだけです。

……と言うと、まるで自分の人生の可能性が狭まったように感じるかもしれませんが、心配はいりません。

一日の中でも私たちは数え切れないほどの選択を行い、それぞれに選択肢がいくつもある。選べるパラレルワールドは無限と言っていい。パラレルワールドは、優秀なゲームプログラマーが数万人がかりで製作した超大作ゲームでも比較にならないくらい、多様なのです。

たしかにすべてあらかじめ存在しているけれど、無限の可能性の中から選択できるのですから、決して運命が決まっているというわけではありません。

すべてのパラレルワールドは、すでに存在している。けれども、私たちは自由です。

そして、もっと大事なことがあります。

あらゆるパラレルワールドがすでに存在しているということは、**「本当のあなた」が生きているパラレルワールドも存在するということ。**

別の言い方をすれば、**あなたが「本当はこう生きたい」と願っている人生は、すでに用意されています。ひとつのパラレルワールドという形で。**

あなたはいま、「自分の人生はうまく行っていない」と感じているかもしれません。「自分の理想の人生とはほど遠い」と思っているかもしれません。理想の人生を生きるためには、自分を変える努力をたくさん積まなければいけない――と思いつめているかもしれません。

そうではないのです。

あなたの理想の人生、「本当のあなた」は、すでに別のパラレルワールドに存在している。だから、あなたは「本当の自分」として生きていけるパラレルワールドを選びさえすればいいだけなのです。

本来の生き方をして充実しているあなたは、次から次により良いパラレルワールドを選べる気質に変わっていきます。私は、そんな至福を感じられる世界を「**アセンションパラレル**」と呼んでいます。

この本では、より良いパラレルワールドを選び、アセンションパラレルへ行くためにはどうすればいいのか、を詳しくお伝えしていきます。

アセンションパラレルってどういうもの？

では、アセンションパラレルについて理解を深めていきたいと思います。

先ほど申し上げたように、パラレルワールドは無限に存在します。

その中のあるパラレルワールドでは、あなたはなかなかアセンションできずに苦しんでいます。

そうかと思えば、あなたが苦労に苦労を重ねて、なんとかアセンションできるパラレルワールドもあります。それは、もしかしたらいまあなたが生きているパラレルワールドかもしれません。

そして、**あなたがラクラクと、まるで高速エスカレーターに乗ったようにアセンションできてしまうパラレルワールドも存在する**のです。

これまで、アセンションというのは修行や努力によってたどり着くものと考えられていました。

たとえば、考え方や生活習慣を変えて波動を上げる。時間をかけて自分を浄化していく。何度も挫折しながら、あきらめずに努力を積み重ねていく。そうやってがんばった先にアセンションがある、と。

これは、あくまでもあなたがそういうパラレルワールドを選んで生きている場合です。

普通に生活しているだけで、なんの努力もなく、勝手にアセンションができてしまうパラレルワールドを選べば、もう努力は必要ありません。そんなすばらしいパラレルワールドが、アセンションパラレルです。

といっても、努力はまったく必要ないわけではありません。あなたがすべきことは、望み通りのパラレルワールドを選べるようになるための、ほんの少しの努力です。

パラレルシフトで、望む未来を自由に選べる

フィクションの世界のパラレルワールドというのは、この世界とはつながっていない別世界として描かれます。たとえば、交通事故にあった衝撃で、一瞬だけつながったパラレルワールドに移動してしまう、というように。

いま、私がお話ししているパラレルワールドは、そういうものではありません。

すでに詳しく説明したように、あなたが日常の中で選択することによって、あるパ

ラレルワールドへと進んでいくのです。パラレルワールドは、いまあなたが存在しているいると思う世界と地続きということです。

とはいえ、あなたがアセンションパラレルを選ぶことができれば、いままでとは別の世界へ移動したかのように、人生が大きく変わることを体感できると思います。

だから、この本では、あえて**シフト（移動）**という言葉を使います。**あなたが望み通りのパラレルワールドを選ぶ、つまりパラレルシフトするということです。**

あなたはいま、自分の未来が望み通りになるとはとても思えないかもしれません。

それは、そういうパラレルワールドを選んでいるからです。

別のパラレルワールドを選ぶことによって、あなたは望む未来を手に入れることができるのです。

ワクワクが容易に見つかるようになる

ここまでの説明で、パラレルシフトが何をもたらしてくれるのか、について、理解していただけたと思います。

一方で、

「理解はできたけど、まだパラレルシフトがどういうものなのか、実感はわかない」という方が多いでしょう。無理もありません。

「アセンションパラレルで、望む未来を手に入れられる」と言っても、そもそも「自分がどんな未来を望んでいるのか」を明確に思い浮かべられない人だって多いはずです。

たとえ明確な未来のイメージがなくても、パラレルシフトをすることはできるし、なんの心配もいりません。その点についてはこの後の章で詳しく説明します。

ここでは、パラレルシフトについてもう少し実感を持ってもらうために、「パラレルシフトができるということは、日々の生活の中でワクワクが簡単に見つかるようになることだ」ということを強調しておきたいと思います。

おそらく、ほとんどの人は、ワクワクが多い日常のほうがいい、と思っているでしょう。あなたもきっと、「毎日ワクワクしながら過ごしたい」と思っているのではないでしょうか。

パラレルワールドの存在に気づき、アセンションパラレルへ移動するという生き方を選ぶことで、あなたは簡単にワクワクを見つけることができるようになります。

それには、ふたつの意味があります。

まずひとつに、本質的な話をすると、心がワクワクするというのは、高次元からの情報、あるいはエネルギーに直接触れるということである、と理解してください。

ポジティブな要素しかない高次元から、そのエネルギーを受け取れたら、心が元気になり、前向きになるのは当然です。これがワクワクです。

しかし、先ほど、高次元からの情報やエネルギーは、なかなかこの物質世界には届きにくい、という話をしましたね。そう、幽界や冥界が邪魔をしてしまうのです。

また、この物質世界自体にある否定的なエネルギーも、私たちが高次元からポジティブな情報・エネルギーを受け取るのを邪魔します。

というわけで、実際には、私たちは常に高次元からのポジティブな発信を受け取れるわけではありません。

むしろ、高次元からの情報やエネルギーに触れてワクワクすることができるのは、たまたまタイミングがあったときだけ。ある種のシンクロニシティが生じたときだけ、というのが実際のところです。

だからこそ、誰もがワクワクしながら生きているわけではないですし、「ワクワクを見つけるのはむずかしい」と感じられてしまうのです。

けれども、自分でパラレルワールドを選べるとなれば話は変わります。

なぜなら、アセンションパラレルでは肯定的なシンクロニシティが頻発しますから、高次元からのエネルギーに触れやすい状態で生きることができます。

だから、ワクワクが見つかりやすくなる。これがまずひとつ。

もうひとつは、もっと身近な話です。

制限だらけ、不自由だらけの生活では、人はワクワクできません。

たとえば、「ランチは社員食堂でA定食かB定食を食べてください。ちなみに、昼休みに社外へ出るのは禁止です」などと言われてワクワクする人はいないでしょう。

私たちは、**さまざまな選択肢が用意されていて、そこから自由に選ぶことができる、という環境を与えられるとワクワクするもの**なのです。

「当社には、カフェテリアのほかに、焼き立てパン、インドカレー、イタリアンなどのキッチンカーが中庭へ来ています。キッチンカーは毎月種類が変わります。天気のいい日はテラスで食べることも可能です」

想像するだけでワクワクします。

大抵の人は現実生活の中で制限や不自由を感じながら生きています。時間が足りない、お金が足りない。経験が十分でない、知識が欠けている。家庭環境の制約がある、

体調が芳しくない、体力が続かない――このような制限・不自由のために、

「やりたいことがやれない」

「自分の好きな未来が選べない」

と感じているのではないでしょうか。

しかし、このように制限・不自由に満ちた世界というのは、幻想に過ぎません。すでに説明した言い方を使うと、それはひとつのパラレルワールドに過ぎないのです。もっとすばらしいパラレルワールドはいくらでも、しかもすぐそばにある。あなたはそれを自由に選ぶことができるのです。

そう考えると、自然にワクワクしてくるのではないでしょうか。

パラレルシフトに、特別な力は必要ない

ここで、心配になった人がいるかもしれません。

パラレルワールドを選べるということは、選択をするのは自分。

日常の中のちょっとした選択で、どのパラレルワールドに行くかが決まる。

自分は、ちゃんと「正解」を選べるだろうか……このように思っているのではありませんか。


心配は無用です。パラレルワールドを選ぶことは、決してむずかしくはありません。

というより、いくつかのことに気をつけておけば、誰もが自然に、自分の望むパラレルワールドを自動的に選択できてしまいます。

次の章では、パラレルワールドを選ぶこと、パラレルシフトするとはどんなことなのか、を説明していきたいと思います。

第2章

パラレルシフトで「幸運な未来」を選ぶ

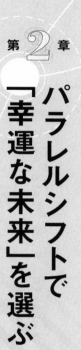

パラレルシフトを可能にするたったひとつの能力

パラレルワールドを選び、そこにシフト（移動）することは、決してむずかしくない。

さらに、アセンションパラレルへシフトすることによって、あなたは簡単に理想の人生を手に入れることができる、と言いました。

では、いったいどのようにすればパラレルシフトが可能になるのでしょうか。

ひとつのやり方は、**理想の未来を思い描くこと**です。

どんな未来にたどりつきたいのかをイメージすると、自然にその未来につながるパラレルワールドに注意が向きます（この「注意が向く」というのが大事です。どう大事なのかは後で説明します）。

その結果、理想の未来につながるパラレルワールドとあなたが共鳴し合います。すると、自然にそのパラレルワールドへ向かう選択ができるようになるのです。

ちなみに、「目標や望む未来を紙に書いて貼っておくと、実現する」とよく言われますね。これは、紙に書いた理想の未来が折にふれて目に入ることで、良いパラレルワールドとの共鳴が起き、その方向に進みやすくなる、ということなのです。

では、理想の未来をイメージできていない人はどうすればいいでしょうか。そういう人も少なくないはずです。

もっと幸せになりたいとは思うけれど、どんな人生が自分の幸せなのかわからない。お金持ちになることだろうか。理想のパートナーと出会うことだろうか。やりがいのある仕事を見つけること？　それともその全部？　もしかしたらそのどれでもない別の何かが必要？　ああ、もう何がなんだかわからなくなってきた……というように。

自己啓発本などを読むと「目標をリアルにイメージしましょう。そうすれば夢はかないます！」と書いてあります。それを読んで、「いや、そのリアルにイメージするのがむずかしいんですけど……」と困ってしまうタイプの人です。

こういう人は、理想の未来をイメージしてパラレルワールドを自動的に選ぶ、という方法は使えません。

それでも大丈夫です。

この場合は、**分かれ道に立って選択をするたびに、良いパラレルワールドに進む道を自然に選んでしまうような「感覚」を身につければいい**のです。

その感覚は、幸せの匂いがする方向へ、いつもひきつけられる感性と言ってもいいでしょう。

というと、特別な能力のように聞こえるかもしれませんが、そうではありません。この感覚は、普通の言葉で言えば、注意力のことです。

脳科学の用語で言うと、**注意制御機能(Attention control function)**。ここでは、略して**ACF**と呼びましょう。

ACFとは要するに、誰でも持っている**注意を何かに向ける能力のこと**です。

たとえば、会話をしているとき、普通は相手の表情と声に注意を向けます。勉強をするときは、教科書の文章に注意を集中する。こういったことは、能力の差はあるとしても、誰でもやっていることです。

パラレルシフトに必要なのは、このごくありふれた能力です。

簡単に言ってしまえば、**注意を自然とポジティブなものに向けられるようになりましょう**、ということ。そうすれば、自動的に良いパラレルワールドを選択できるようになります。

パラレルシフトするために必要なのは、適切な方向に注意を向ける能力＝ＡＣＦということになります。

ＡＣＦを鍛える必要性

より良いパラレルワールドを選ぶために必要なのは、誰でも持っている注意力＝ＡＣＦです。

ということは、理想のパラレルワールドを選ぶことは本来、簡単なはず。アセンションパラレルを選んで、アセンションすることもラクラク……のはずですが、実際はそうではないように感じる。

幸せになるために、アセンションするために、日々必死で努力して、それでも思うように行かない人のほうが圧倒的に多いわけです。

これはなぜなのか。

答えは、ＡＣＦがある意味でうまく働いていないからであり、ある意味では正しく機能しているから、です。

ちょっとややこしいことを言ってしまいました。どういうことか説明します。

注意力は、ヒトという生物が生き延びるために進化の中で発達させてきた能力です。

原始時代を想像してください。

明かりといえばたき火かたいまつくらいしかない時代。真っ暗闇の夜、ほら穴で休みます。このとき、狼が落ち葉を踏んで近づいてくる小さな音に気づく注意力がなかったら……あっという間に食べられてしまいます。

またあるときは、おいしそうなブラックベリーがたくさん実っているのを森の中で見つけました。夢中で摘んで口に入れながらも、足もとの草むらから毒ヘビが飛び出したらすぐに逃げられるように注意を向けておかなくてはいけません。
原始時代の生活はなかなか大変です。

このように、基本的に注意力とは危険に気づくために発達したものなのです。
ですから、**人間を含むあらゆる動物の脳は危険なもの、不快なもの、ネガティブなものに真っ先に注意を向けるようにできている**。

放っておくと、自然にネガティブなものに目を向けてしまうのは、人間にとっては自然なことなのです。

コンビニで大好きなスイーツを選んでいたら、レジで店員さんにネチネチとクレームをつけているおじさんが目に入った。嫌な気分になって、なるべく気にしないようにするけれど、どうしてもクレームおじさんの声が気になって、聞きたくもないのに注意を向けてしまう。おかげで、スイーツ選びどころではなくなってしまった……。

これが、注意力の自然な働きです。

クレームおじさんは、私たちにとって危険、とまでは言えないかもしれませんが、危険を連想させるネガティブな存在です。だから、そちらに注意が向かってしまうのは自然なこと。特に、「繊細」「感受性が強い」とよく言われるような人は、この傾向が強い。

あなたがいつも物事のポジティブな面よりネガティブな面に目を向けてしまうとしたら、それはＡＣＦが生存するために本来の役割を果たしている、ということなのです。

とはいえ、パラレルワールドを選ぶとなると、これではちょっと困ります。

望むパラレルワールドを選ぶ方法は、ポジティブなパラレルワールドに自然に注意を向けられるようになること、でした。すると、自動的にポジティブなパラレルワールドに進んでいけるのでしたね。

ここで、ＡＣＦが「本来の役割」ばかり果たしてしまって、自然に注意がネガティブなものにひきつけられたらどうでしょう。

そうです。自動的に、いつもネガティブなパラレルワールドにシフトしてしまうことになります。

恐ろしいことですが、「がんばっているのになかなか人生が好転しない」という人に実際に起きているのがこれです。ＡＣＦがある意味で〝正常〟に働いてしまっているために、ネガティブなパラレルワールドへとひきつけられてしまっている。

このことに気づければ、あなたがこれからやるべきことははっきりします。

先ほど言った、「ほんの少しの努力」とは何か。それは、**注意を自然にポジティブなものに向けられるように、ＡＣＦを訓練すること**、です。

ここまでの話を、整理しておきましょう。

パラレルワールドは無限に存在します。その中には、あなたが理想の未来を手に入れるパラレルワールド、ラクラクとアセンションできてしまうアセンションパラレルも存在します。それも、ひとつではなく無数に。

だから、**あなたは自分で未来をつくる、あるいは未来を切り開く努力をする必要はありません**。

あなたは、すでにある理想の未来、そこにつながるパラレルワールドを選び取ればいいのです。

ただ、唯一必要な努力はあります。それは、**望んだパラレルワールドを選ぶための能力を鍛えること**。その能力は特別なものではなく、自分の注意の向け方を制御する能力、すなわちＡＣＦです。

というわけで、ＡＣＦを鍛えるために、ほんの少しだけ努力をしましょう（どう努力すればいいかは後ほどお伝えします）、ということになります。

本当の居場所がある世界へ還る

注意力をちょっと鍛えるだけで別のパラレルワールドへ行ける、というと、にわかには信じられないかもしれません。

映画やドラマなどの物語の中で描かれるパラレルワールド間の移動＝パラレルシフトは、もっと劇的なものです。

たとえば、階段を転がり落ちた主人公が意識を取り戻すと、そこは魔法によって人々が支配されている世界で、主人公はそこで王に仕える神官だった……みたいなファンタジーをよく見ます。

実際に、パラレルワールドは無限にあるわけですから、学校で数学ではなく魔法を教えている世界は当然あります。王立研究所で魔法を研究しているあなたもどこかのパラレルワールドにはいるはずです。

ちょっと話がそれますが、「前世の記憶」と呼ばれているものの多くも、パラレルシフトが深く関係しています。

無限にあるパラレルワールドの中には、たとえば中世に生まれて魔女として裁判にかけられるあなたもいます。江戸時代の農民であるあなたもいるわけです。

そんな別世界のあなたと、いまここにいるあなたの意識が何かの拍子に共鳴することがあります。それは電波が干渉し合うのと似ていて、別のパラレルワールドで生きているあなたの意識が流れ込んで来るのです。これが「前世の記憶」として感じられているということです。

さて、パラレルシフトと言っても、あなたが王の神官として存在している世界へシフトできるのかというと、それほどまでに隔たりのある世界間での移動は、たしかにむずかしいことです。それこそトラックに轢かれるような強烈なショックを受けるか、そうでなければ超一流の霊能者でもなければ無理でしょう。あるいは、ワームホールという時空を超える穴と偶然に出会うか。

けれども、おそらくあなたが求めているパラレルワールドは、そんなに遠いものではないはずです。

あなたが「理想の未来」としてイメージできるくらいの、いまいる現実とかなり共通点の多いパラレルワールドでしょう。そこに移動するには、それほど大きなエネルギーを必要としません。何度も言うように、日常的な選択の結果として十分に移動することができるのです。

だからこそ、**実際にはパラレルシフトして人生が変わっているのに、移動したことに気づかない人も多い**です。自分はずっと同じ世界にいて、その世界の中で「努力して道を切り開いたのだ」と「普通の人」は思ってしまうからです。

逆に言えば、パラレルシフトするといっても、まったく馴染みのない、あからさまに「異世界！」という感じのパラレルワールドに飛ばされるわけではないのですから、安心だとも言えます。

むしろ、本書で学ぶ方法によってあなたが移動するパラレルワールドは、「本当の自分」でいられる世界です。

本当の自分はもっと幸せで、もっとパワーとエネルギーにあふれていて、人から求められているはず……と感じている人は多いでしょう。

はっきりとそう考えてはいなくても、現状に対する不満、欠乏感、こんな人生でいいのかといった焦り……といったものは、「本当の自分」を取り戻したいという願望の裏返しです。

あなたが「本当の自分」に還るというのは、あなたが本来の姿で生きているパラレルワールドを選ぶ――ある意味では**本当の居場所であるパラレルワールドへ還る**、ということに他なりません。

パラレルワールドを選びやすくなった時代

幸いなことに、現在の世界は、パラレルワールドを選ぼうとするあなたにとって有利な環境へと変わりつつあります。

どのように変わっているのかを一言で表現すると、**地球が非物質化しつつある**ということです。

地球の非物質化とはどういうことか。

ここで、前章で説明した、幽界と冥界について思い出してください。

本来、良いものだけで構成されている高次元から光が投影され、映し出されているのがこの世界であり、私たち人間です。

それにもかかわらず、この世が極楽浄土のようになっていないのは、高次元から投影されたた光が邪魔されているからでした。まるで、映写機の光に手をかざして邪魔をするいたずらっ子のように、高次元からの光を妨げているのが冥界と幽界でしたね。このせいで、現実世界には争いや憎しみといったネガティブなことが起きてしまうわけです。

実は、1987年以降、この幽界や冥界が急速に縮小しています。しかも、ただ縮小するだけでなく、消滅に向かっているのです。

本書の中で何度か説明しますが、この世界は基本的にいい方向に向かっています。その本質は、幽界や冥界が消滅しつつあり、そのネガティブなエネルギーの影響が減っているからなのです。もっとも、ネガティブなエネルギーが消滅する前に一瞬、影響を強めてしまう作用もあって、それについては注意が必要なのですが、本書ではそこには注目せずに進みたいと思います。

ともかく全体的な流れとしては、地球は非物質次元への波動上昇に向かっていますし、その動きは加速しています。

上昇を抑え込んでいた幽界、冥界の否定的なエネルギー情報はどんどん減少しています。

そして、映写会の悪ガキのように高次元からの情報投影を邪魔していた幽界、冥界が消滅に向かっているわけですから、投影されるホログラフィーの「画質」も良くなっている。よりくっきりと明確に、そして情報量も多くなっている、というわけです。

世界の変化を告げるオウムアモアの飛来

わかりやすく言うと、ひとつには、**社会全体がスピリチュアルな世界を認めるようになってきている**、ということです。もしくは、あえて精神性を高めようとしなくても、すでに多くの人がパラレルワールドを含んだこの世の仕組みについて、腑に落ちた状態になっている、という言い方もできるでしょう。

２０１７年10月19日、ハワイのマウイ島にある天体望遠鏡が風変わりな隕石をとらえました。

どこが風変わりだったか。まず、太陽系外から飛んできたこと。実は、太陽系外から隕石の飛来が観測されたのは史上初のことです。これだけでもとてもめずらしい。しかも、この隕石は、途中でコースを変えました。つまり、真っ直ぐ飛ぶのではなく曲がったのです。曲がった上に、加速までしました。

隕石が曲がる、加速するというのは物理学的にありえません。ということは……オウムアモアと名づけられたこの「隕石」は、実は隕石ではないということになります。

この天文台では、世界各国の研究機関が共同で観測プロジェクトを進めていました。信頼度に関しては間違いなしと言っていいでしょう。

第一線の科学者たちによって、はっきり言えば「異星人の乗り物」としか思えない飛行物体が観測されてしまったわけです。

いまは、こうしたことがいくらでも起きる時代です。すでに物理学者たちがパラレルワールドを真面目に論じているということはお話ししました。超能力だって、頭から否定する人は少なくなっています。

最近のことですが、知り合いの発達障害の専門医が言っていました。

「吉濱くん、発達障害の傾向がある人って、超能力というか……そういう力を持っている人が多いと思うんだけど、気のせいかな?」

私は「気のせいじゃないですよ」と答えました。実際、私のもとに相談に訪れる来談者の中にも、びっくりするような超能力を持っている人が増えている、という印象があります。

先日も、ある小学生の男の子と話していたら、突然、どこにも公表したことのない私の過去の出来事について、まるで見てきたように話しはじめたので、世界の変化を実感しました。

これが特別なことでなく、同じようなことが頻繁に起きるようになっているのです。

人の「思い」が現実化しやすい世界が到来した

非物質化の兆候は、別のところにも現れています。

科学技術の発達によって、人々はバーチャルリアリティー(VR=仮想現実)に徐々に馴染むようになっています。たとえば、オンラインゲームの中での生活のほうが、現実の生活よりも自分らしくいられる、と感じている人はすでにめずらしくありません。

つまり、モノとしての実体がなくても、たしかに存在する世界はあるのだ、と誰もが実感するようになったわけです。かつては、特別な感性を持ったごく一部の人（たとえばあなたのような）にしか感じられなかった非物質的な世界を、誰もが認めざるを得なくなったのです。皮肉にも、科学技術の発達によってです。

世の中全体が、非物質的な、つまりスピリチュアルな世界を認識するようになっている、というのはそういうことです。その意味で、地球は非物質化しつつあると言える。

私たちの思い、願い、祈り、あるいは超能力といったスピリチュアルな要素と、日常生活の中で触れることができる物質的な要素とは、まったく別なものだとあなたは考えているかもしれません。たしかに、常識的には精神と物質は相反する要素です。

しかし、本来は、**コンクリートでできたビルのような物質も、私たちの願いのような精神も、すべて波動**です。波動が物質として現れるか、精神として現れるかの違いです。水は湯気や氷として現れることもあるけれど、どれも結局は水である、というのと同じこと。

それが祈りや願いが物質と同じように現実的なものである理由です。すなわち祈りや願いが現実化するのは、水が氷になる、湯気になって蒸発する、これらと同じくらい自然なことなのです。

しかし、これまでの世界では、幽界や冥界の影響によってネガティブなエネルギーが充満していました。

また、スピリチュアルな世界を物理的な世界とは切り離して考えていた、あるいは「現実には存在しないもの」とする思い込みが圧倒的な多数派でした。

その思い込みにより、人の思い、願いが実体化しづらい世界をつくっていたのです。それが、これまでの現実世界でした。

ここまで説明したように、地球は大きく変わりつつある。それがこの世の非物質化です。

この世の非物質化が進むほど、人の思いは世界に影響を与えやすくなります。ひらたく言えば、願いが実現しやすくなるということ。

だから、あなたがより良いパラレルワールドを望むなら、そこにパラレルシフトすることはますます容易になっている、ということです。

肯定的なシンクロニシティが連発する

理想の未来、本来の自分、アセンションしている地球。

あなたが求めるものは、すでにパラレルワールドとして存在している。あなたは努力を積み重ねてそこにたどり着くのではなく、ただそれを選べばいい、とすでに話しました。

これは、言ってみれば時間という幻想から解き放たれるということ。

世の中の常識は、「ほしいものは時間かけて努力しなければ手に入らない」と言います。

一方で、「人は老いて死ぬものであり、費やせる時間は限られている」とも。

この2つの常識によって、あなたはいままで追いつめられてきたのではないでしょうか。

もっと努力しないといけないのに、がんばれなかった。今日一日を無駄にしてしまった。1週間を無駄にしてしまった。1ヶ月を、1年を……ああ、なんて自分はダメなんだろう。このまま理想にたどりつけないまま自分は死ぬのだろうか。

そんな焦りは、誰にでも思い当たるものだと思います。

はっきり言いましょう。**こうした「常識」は幻想**です。

あなたは、すでにある理想のパラレルワールドを選ぶだけでいいのですから。選ぶのは一瞬です。時間を積み重ねる必要はないのです。


時間が幻想である、というのは別の角度からも説明できます。

たとえば、歌手になりたい若者が、思い切ってストリートライブをやってみたら、偶然そこをレコード会社の名プロデューサーが通りかかって、デビューのきっかけをつかむ。これはシンクロニシティです。

そして、シンクロニシティは、偶然の出来事によって、常識的には必要とされる地道な努力（歌手志望の若者なら、レコード会社にかたっぱしからデモ音源を送ったり、小さなライブハウスで何年も経験を積んだり……といったことです）を不要にしてしまいます。その意味で、やはり時間という幻想から私たちを解き放ってくれるものだと言えるでしょう。

地球が変わってきているので、当然シンクロニシティも起きやすくなっています。先ほど言ったように地球は非物質化しつつあり、「こんなことがあったらいいな」という人の願いが、現実化しやすくなっている。

シンクロニシティが起こりやすくなり、ポジティブな偶然が頻発するようになる。これは、言ってみれば、私たちが時間という制限を超越できるようになるということです。

それは物質的なレベル、技術の進歩のおかげという見方もできます。

街で偶然、名プロデューサーに出会うことはなかなかないかもしれません。

しかし、現代ではインターネットで自分の唯一無二の才能をアピールすれば、チャンスをつかむことができます。

無名の歌手でも動画サイトを通じて何万人もの人とつながり、その実力を認知してもらうことが可能になりました。

もっと身近な例もあります。あなたがある作家のファンだとして、職場なり学校なりに同じ作家のファンがいない。そんなとき、かつては偶然に偶然が重なって同好の士に出会うことを期待するしかありませんでした。それが、いまならネットで検索すれば一瞬でファンコミュニティにつながることができます。

つまり、インターネットを使って、いつでもシンクロニシティと同じ効果を得られるようになったということ。こうして、ますます時間を積み重ねることは必要なくなっていきます。

VR（仮想現実）というパラレルワールド

科学技術の進歩は、別の面からもパラレルシフトを加速します。

すでに私たちは、あたりまえのようにバーチャルリアリティー（ＶＲ）に触れるようになっています。もっともわかりやすい例はＶＲを利用したゲームがそうです。ゲームばかりでなく、オンラインで仕事をしたり、ネット上で買い物をしたり、といった場面にもＶＲやＡＲ（Augmented Reality＝拡張現実）が活用されています。誰もがなんらかの形で仮想現実の世界で生きているのが現代だと言っていいでしょう。

しかも、ＶＲやＡＲの技術は、いまもどんどん進化しています。これからは、もっと仮想現実にのめり込む人は増えるでしょうし、はまり方もより深くなることでしょう。

言うまでもなく、ＶＲでは、現実の世界にある制約を簡単に乗り越えることができます。私たちは空を飛ぶことはできませんが、ＶＲゲームの中では簡単に空を飛ぶことができるわけです。

つまり、ＶＲを作り出す機械で自分の好きな世界を選ぶということは、まさにパラレルシフトが具現化されているようなものであると言っても過言ではありません。

人類はもう、幸せになるための過程自体にこだわらなくなっていく。そういった意味で、ＶＲの仕組みとパラレルシフトは非常に似ています。

とは言っても、人類が完全にバーチャルな世界で生きることができるのは、まだ先のことでしょうし、仮にそうした技術が実現したとしても、多くの人は完全に仮想現実の世界に移り住むわけではありません。

むしろ、つかの間の時間だけでも、ＶＲを活用することによって、物質世界にある不自由や制約を取っ払って生きるときの感覚を体験する。

脳はそれがＶＲなのか現実なのか区別することはできません。ＶＲで広がった思考、視野を持つことを体験すると、現実でも「自由に生きよう」「より良い現実を選ぼう」という発想が、無理なく出てくるようになるのです。

こうした指針の変化が浸透してくことで、物質世界でもパラレルシフトをさらに加速させていく人が増える、という流れになります。

これまでの世界では何かを成し遂げたければ、コツコツと計画を立て、それを努力や強い意志、あるいは不断の行動力で達成していました。

でも、ＡＣＦを調整し、勝手に理想的なパラレルへシフトするように仕向けておけば、シンクロニシティを起こすことだってあたりまえになるはずです。

バーチャルの世界で「誰それに会いたい」と思ったら、これまでの人類が発想していたように、住所を調べる、人脈を通して知り合いの知り合いにたどり着く、なんてことはしません。

「スーパー行ったら、偶然会っちゃった」という世界を設定するはずです。今後の世界では、こうした出来事が、現実かバーチャルかという境界線を越えてやってくる。結果を起こすために必要不可欠だった「原因」を作り出す努力が消滅し、ACFが無意識のうちに最適な「原因」を選択してくれます。

よって、人の行動も望む「結果」へ向けて自動化されるようになります。

こういう話を聞くと、ある種のディストピアを想像する人がいるかもしれません。これまでの価値観で生きているうちは、願いがかなっていくVRのような世界を拒否したくなる、という人が出てくるのも自然です。

ですが、人間は元来、努力や行動が苦手です。はっきり言うと、努力で現実を変えていくことができるのは成人の0・1パーセントのエリートなのであって、彼らの成功法則を一般の人が真似しようとすれば、苦しいだけです。

たしかに彼らの生きざまはかっこいいし、努力のすえに成功するからこそ、人間的な深みが生まれると信じている人が多いことも理解できます。物質世界に対する安心感があることも否定しません。

ですが、物質世界に生きていることによる盲点は、触れられるものしか知覚できないため、この物質次元を唯一の世界であると錯覚してしまうことです。

それゆえほとんどの人は、何をするにも気づかぬうちに物質的な制限をかけている状態です。強烈な自己無力感の要因がそこにあることも知り得ません。

ＶＲの普及により、そうした物質世界から脳が解放され、この宇宙の本当の仕組みを思う存分利用することができるようになります。ＶＲで思いのままに生きている自分を体験する、それだけでパラレルシフトできるでしょう。

人類は老化しない生物へと進化する

人は、誰もがいつかかならず死を迎える。

すなわち、人生には限りがある。

そして、限りある人生だからこそ、人は幸福を感じられる。いつか死ぬからこそ、人生には価値がある——という考え方があります。

おそらく、多くの人はこの考え方に共感するのではないでしょうか。

実際、人はほとんどの場合、寿命という時間的制約に縛られて生きているのは、すでに述べた通りです。

縛られている、というネガティブな意味だけでなく、時間的な制約は人を動かす言動力でもあるでしょう。

いつか死が訪れるから、その前になんとかこの仕事を成し遂げたい。だから、精いっぱいがんばる。限られた時間の中で、好きな趣味を目いっぱい楽しみたい。だから、全力で遊ぶ、というように。

私自身は、人生は有限だからこそ幸せを感じられる、とはかならずしも思いません。

仮に、**楽しいことが確定している人生であったら、その楽しい人生が永遠に続いても**

幸福なのではないか、と思うからです。

重要なことは、どちらの考え方が正しいか、ではありません。現実に、近い将来、人間は寿命に縛られなくなっていきます。老化しない種へと進化する、と言ってもいいでしょう。

まさか、と思うでしょうか。

医学の進歩によって、人の寿命は延び続けています。

たとえば、おそらく２０６０年頃には、人工心臓が普及します。これによって、心臓疾患による死がなくなります。これだけで、平均寿命は15歳ほど延びるはず。

さらに２０２０年11月、イスラエルのテルアビブ大学の研究で、ある発見がありました。高圧酸素療法という方法によって、人体の老化細胞を減少させることができたのです。

これまでは、人は生きている限り老化していくものであり、老化細胞は増えていく一方である、というのが医学の常識でした。その老化プロセスを、ついに逆転させる方法が見つかったのです。

つまり、人が老化しなくなる時代がはじまったわけです。

他にも、老化に対抗するテクノロジーはどんどん進歩しています。

もちろん、いきなり不老不死になれるわけではありませんが、私たちが元気で過ごせる時間はますます長くなるでしょう。

それが何を意味するでしょうか。いまのところ人生が有限であることには変わりありませんが、たとえば１００歳までは元気に生活できる、１２０歳までは生きられるとなれば、考え方もずいぶん変わってくるはずです。

仮に、あなたがいまの人生に焦りを感じているとします。

望み通りの生き方ができていないのに、もう○○歳になってしまった。私の夢はかなうのだろうか。また今日も、時間を無駄にしてしまったのではないか……といった焦りです。

こうした焦りは誰もが感じるものです。が、これからは１００歳まで元気に生きられると知ったらどうでしょう。

あるいは、老化を逆回転させる技術さえすでに発見されている、という事実を踏まえて、あらためて考えてみたらどうでしょう?

いままで、あなたが感じてきたような焦りは、幻想であると捉えられるようになるはずです。

そして、自分の未来について、もっとワクワクできるようになるのではないでしょうか。

しかも、その未来は無限のパラレルワールドであり、好きな未来を選ぶことができるのですから。

未来をつくり出す必要はない

ここまで読んできて、あなたの未来に対する考え方は、かなり変わったのではないでしょうか?

私がくり返しお伝えしてきたことは、未来をつくり出す必要はない。すでにある理想の未来に乗り換えればいいのだ、ということです。理想の未来とはアセンションパラレル、つまりあなたが自由に生きるパラレルワールドのことです。

もう、無理をして自分の心を見つめて目標を立てる必要はありません。目標に向かう計画を立てて、それに基づいて苦しい努力を積み重ねていく必要もありません。

そのために必要な意志力、行動力、あるいは「根性」なんていうものも必要ありません。

ただ、**ACFを調整して、望んだパラレルワールドを自動的に選べるようになればオッケー**です。

もっとも、正確に言うと、望み通りのパラレルワールドを選んだとしても、そこに計画や努力が存在することはありえます。といっても、それは**あなたの理想のなかに「計画や努力といったプロセスがあったほうが、より充実した人生になる」という要素が含まれているから**です。やりたくもない努力を強いられることはないわけです。

もうあなたは、未来をつくり出す必要はありません。

すでにある理想の未来に乗りかえるだけでいい。

それが、パラレルシフトです。

もう自分探しや、幸せの探求などはしなくていい！

これまであなたは自分探しや、幸せの探求に努めてきました。

そして、その努力によって自分をすり減らし、疲弊していた。

そんな苦しみももう必要なくなります。

自分が何者なのかわからない。何を求めているのかもわからない。迷い続けることの苦しさから、導いてくれるマスターを求めたこともあったでしょう。やっと見つけたと思ったマスターが、期待通りの人でなかったこともあるでしょう。転々とマスターを渡り歩いてきたかもしれません。

その根底にあったのは、あなたの無力感であり、恐怖心です。

「自分ひとりでは、本当の自分を見つけることはできない」という無力感。

「自分ひとりでは、迷い続けたまま生きていくことになるのでは」という恐怖感、です。

パラレルシフトができるようになれば、もう、自分以外のマスターを求める必要もなくなります。

あなたが選んだパラレルワールドのマスターは、あなた以外の誰でもありません。「本当に？　だって、私はいまだに自分が何を求めているか、どうなれば幸せなのかもわからないけれど……」と心配になるでしょうか？

それでいいのです。

自分にとってどんな状態が幸せなのか。自分は何を求めているのか。そんなものは、わからないのが当然です。

そんなものを探すために、膨大な時間とお金を費やす。やればやるほど迷いが深まる。それは結局不幸への道なのです（「自分探し」的な行為がどんな弊害をもたらすのかについては、後でもう一度詳しく説明します）。

すでに述べたように、ＡＣＦつまり注意制御機能を正しく調整すれば、自動的に望む未来（それがどんな未来か、自分ではわかっていなくても）へと進んでいくことができるのですから。

インナーチャイルド探しはアセンションの妨げになる

「インナーチャイルドを見つけ、癒すことができれば人生は変わっていく」

「傷ついたインナーチャイルドが、アセンションの妨げになっている」

こういったことは、スピリチュアルの世界だけでなく、一部の心理学の世界でもよく言われます。


インナーチャイルドとは、幼少期に自己肯定感を上げるうえでの妨げとなってしまった心の傷のこと。多くは親との関係において生じたトラウマのことを指します。

傷ついた子どもの頃のあなたが、癒やされぬまま苦しんでいて、いまのあなたをも苦しめている……という考え方です。


果たしてこれは、本当なのでしょうか？

たしかに、優秀な専門家がつく、という条件つきで、こうしたアプローチが有効な場合もあることは否定しません。

しかし、実際には、**インナーチャイルドを探せば探すほどトラウマが増えてしまう**という事例のほうが多いのです。

なぜでしょうか。

そもそも、「トラウマが現在の自分の心を決める」「トラウマがあるから、今現在のメンタルが悪化している」といった考え方は、現在の臨床心理学の主流ではありません。

トラウマがあるかどうかではなく、トラウマをどれだけ反すうするか、がメンタルの健康、ひいては人生の質を決めている、とされているのです。

反すうというのは、過去のネガティブな記憶（トラウマはその代表です）を、その当時の感情をともなって思い出すこと。

たとえば、みんなの前で大失敗をしてしまったことを思い出して、いままさに失敗しているかのように恥ずかしくなり、思わず「うわーっ」と叫び出したくなってしまう、なんてことは誰にでもあると思います。あれが反すうです。

つまり、トラウマは存在すること自体が問題なのではない。そのトラウマを、くり返しくり返し、感情をともなってリアルに思い出してしまうから害になるのです。反すうが劣等感を高め、ついにはうつなどの病気にもつながってしまうわけです。

トラウマそのものではなく、トラウマの反すうが問題なのです。

一方、反すうしなければトラウマはただの記憶に過ぎません。「たしかに当時はとてもつらかった。けれども、いまそんな目にあっているわけではない。そんなこともあったね」これが「ただの記憶」だということ。これならトラウマはたいして有害なものではありません。

というわけで、**トラウマに対処する方法には、それをリアルな感情をともなって反すうすることを減らし、「ただの記憶」にしていくこと**……ということになります。

さて、インナーチャイルド探しとは、過去の傷ついた出来事を探すことでした。つまり、トラウマを掘り返すことです。

そこで、「こんな出来事があった」「私は子ども時代、こんなことで傷ついた」という記憶を発見する。それだけならいいでしょう。

しかし、たいていの人は、記憶だけを思い出すなんて器用なことはできません。かならずと言っていいほど、そのときのつらい感情（怒り、悲しみ、恐怖、劣等感）も一緒に、かつリアルに思い出してしまいます。

父親にこんなひどいことをされた、母親がこんなことを言った、先生が……という記憶だけでも愉快なものではないのに、それにともなったネガティブな感情まで、いまここで体験しているかのようによみがえる。そうです、反すうです。

しかも、悪いことに、インナーチャイルド探しを勧める〝専門家〟の中には、「そのときの感情を思い出して」「感情を味わって」などと言って、反すうをあおるようなことまでしてしまう人がしばしばいます。

ネガティブな感情が強くなると、脳内の扁桃核《へんとうかく》（恐怖や怒りを担当する部分）が暴走します。すると、脳内に活性酸素が増えて、脳が炎症を起こします。これが脳疲労です。

そして、脳疲労が蓄積していくと、やがてうつに至ることになる。

インナーチャイルド探しとは、多くの場合、メンタルに有害な反すうを増やすことです。反すうの材料を自ら集めることです。だから、お勧めできないのです。

それだけではありません。

ひとたび「インナーチャイルドが自分を苦しめている」というフレームを持ってしまうと、自分が抱えているあらゆる問題をインナーチャイルドと結びつけるようになりがちです。そして、いかなるときも熱心にインナーチャイルドを探すようになる。すると、次々と自分の中にインナーチャイルドが見つかるでしょう。

「インナーチャイルドが見つかった」

↓「でも、自分はラクになっていない」

↓「他のインナーチャイルドがいるはず、それを探そう」

「インナーチャイルドが見つかった」

↓「でも、自分はラクになっていない」

↓「もっとインナーチャイルドがいるはずだ。次を探そう」

「とうとう見つかった。でも、自分はラクになっていない」

↓「まだインナーチャイルドがいるはず……」

このくり返しで、少しもラクにならないまま、次々と反すうの材料を増やしていってしまう。そんな人を、私はこれまでたくさん見てきました。

まとめると、インナーチャイルド探しは、過去のトラウマを見つけることにより、トラウマを強化してしまう。だからインナーチャイルド探しをしている人は人生が好転するどころか、いつもうつっぽいのです。

メンタルに悪影響を与えるということは、脳に悪影響を与えているということです。先ほど、反すうが脳疲労を引き起こすことも説明しました。脳が疲れてまともに働かなくなるということは、当然、脳機能のひとつであるＡＣＦもまともには働かなくなります。

すなわち、パラレルシフトのためのもっとも大切な機能が、損なわれてしまうということ。

「インナーチャイルドを見つけて浄化されなければ、アセンションができない」と言う人もいますが、私の考えは真逆です。

インナーチャイルド探しこそが、アセンションの妨げになっているのです。

トラウマという原因と結果をひっくり返そう

そうは言っても、過去のつらい記憶がある。そのせいでいまの生活がつらい、と感じている人はいるでしょう。

たとえば、人と接するのが怖くて、交友関係や仕事がうまくいかない。どうやらその原因は、幼少期に母親から否定的なことをずっと言われてきたことにあるようだ。

仮にあなたがこのような経験を持っているとして、そのつらさを否定するつもりはありません。幼少期のトラウマと、現在のつらさの因果関係も、あなたがそう感じているのなら、おそらくそれが正しいのです。

しかし、あなたがいま、幸せになるためには、過去のトラウマを癒やさなくてはいけない、あるいはインナーチャイルドを救わなくてはいけないのかといえば、そんなことはありません。

人と接するのが怖いとしたら、その原因はひとまず置いて、人と接するときにネガティブな面に目を向けてしまう癖を修正すれば、問題は解決します。そうです、これも注意の向け方、ＡＣＦの調整です。具体的に何をやればいいのかは、この後の章で説明します。

原因はトラウマで、結果としていまのつらさがある。仮にそうだとしても、かならず原因を取り除かなければいけないわけではないのです。

原因はとりあえず放っておいて、結果のほうをさっさと改善してしまうほうが手っ取り早いことは多々あります。しかも、トラウマを掘り起こして反すうを増やすなどの弊害もありません。

また、いまのつらさが軽減されていけば、トラウマも勝手に癒やされていったりもします。結果を改善したら原因が改善する、ということさえあるわけです。

「原因＝過去のトラウマ」をなんとかしなければ、「結果＝いまのつらさ」は解消できない。そんな考え方は、パラレルシフトの妨げでしかありません。とっとと捨ててしまいましょう。

「潜在意識」に注目し過ぎるとうまくいかない

インナーチャイルドと同様、要注意なのが「潜在意識」です。

自分の潜在意識と宇宙はひとつながりになっている。潜在意識こそが自分をつくっている。それは間違いではありません。たしかに潜在意識は大切です。

しかし、そこから一歩進んで、

「アセンションのためには潜在意識を浄化しなくては」

「潜在意識を変えなくては、人生は変わらない」

と思ってしまうと、問題です。

インナーチャイルドの場合と同じく、潜在意識を重視すればするほど、人生が大変になってしまうのです。

なぜか。

まず、潜在意識を変えるのはとてもむずかしい。少なくとも、むずかしいと多くの人が信じています。実際、「潜在」というからには深いところにあって見えないものですから、アクセスするだけでも大変なわけです。

その潜在意識を変えなければ人生を変えられない、ましてアセンションなんてできない、と考えてしまったら、どうなるでしょう。

自分が幸福になるのは、アセンションするのはとてつもなくむずかしい――ということになります。要は、「がんばってもどうせ変わらない」というフレームにとらわれてしまうわけです。

がんばっても変わらないから、どんどん疲弊していく――という悪循環です。

潜在意識はアクセスするだけでもむずかしいのに、それを変えるとなるともっと大変です。

よく言われる「潜在意識の浄化」というのは、トラウマ、心の制限、不自由を取り除くこととされています。この制限、不自由とは、たとえば恐怖心や怒りといったものです。

基本的に、**人間は怒りや恐怖の塊です**。それから自由になる、なんてことは可能でしょうか？　もちろん可能です。ただし、怒りや恐怖心から解放されたら、それはもう正真正銘の「悟り」であり、聖人のレベル。

幸せになるためには、悟らなければいけないのでしょうか？　聖人にならなければ人生を変えることはできないのでしょうか？

それはあまりにもおかしいということがわかるはずです。

この領域には、そう簡単にたどり着けるものではありません。

たとえば、私やあなたが10年くらい、さまざまなワークに取り組んだとしても、おそらく聖人にはなれないでしょう。相変わらず恐怖心も怒りもある。財布を落とせば慌てるし、ジェットコースターに乗れば怖い。そんな自分を見て「まだ制限・不自由から離脱できていない。がんばっていたつもりだけど、全然ダメだ……」と挫折してしまう。

こうして、潜在意識の浄化に挫折した人が飛びつきがちな理論があります。

「これだけ努力したのに恐怖心（あるいは、怒り）が消えないということは、人類の集合意識に入っている恐怖が、自分の潜在意識に流れ込んでいるのでは？」という結論。

こうなると、「もう自分の力ではどうしようもない」ということになってしまいます。

たしかに、潜在意識は重要ですし、それは宇宙と、あるいは人類の集合意識とも深いかかわりを持っています。それは否定するつもりはありません。

しかし、「人生を変えるために潜在意識を浄化しなくては」と考えるのはまずい。それは、汚染された川の水を、まるごと浄化するような大事業なのです。チャレンジしても、ほとんどの場合は「変えられないものを変えようとする苦行」でしかありません。得るものはなく、ただただ人生が大変になるだけです。

何度も言うように、自分の人生を好転させる、アセンションするためにそんな努力はいりません。

きれいな水を飲みたいとき、川をまるごと浄化しようとはしないはずです。自宅の水道の蛇口に浄水器をつけてもいいし、きれいな水を買ってもいいのですから。

それと同じこと。潜在意識を浄化しなくても、アセンションすることは可能です。

その「もっと簡単な方法」を実践するために必要な力が、先ほどから何度か紹介している注意を制御する力、ＡＣＦです。

自己肯定感を上げるパラダイム・シフト

誤解のないようにくり返して言っておきますが、潜在意識は重要なものです。顕在意識よりも、より根源的なものである、ということも否定しません。

私が言いたいのは、その根源的なものへのアプローチを変えてみることも重要である、ということです。

根源を変えるために、根源と向き合うのは、実はむずかしいものです。それよりも、根源から導かれた結果と向き合って、結果を変えてしまったほうが早い。

潜在意識そのものと向き合うよりも、潜在意識から導かれた今現在の人生、生活という結果を変えてしまえば、それによって根源にある潜在意識も変えられる。

先ほども言った、原因と結果をひっくり返す考え方です。

「原因が結果をつくる」

これは、誰もが理解できる、常識的な考え方であり、真理です。

それに加えて、実は、

「結果が原因をつくる」

というもうひとつの真理もある。一見矛盾していますが、このことを理解するようにしましょう。

ちょっと大げさに言えば、**「原因→結果」から、「原因←結果」へのパラダイム・シフトが必要。**それがパラレルシフトを導く、ということです。

これは、潜在意識に限った話ではありません。

たとえば、自己肯定感。

先ほど、トラウマとは自己肯定感を上げる上での妨げとなってしまう経験だと言いました。

実際、過去のネガティブな出来事が原因で、自己肯定感が低くなってしまっている人はいます。

そして、自己肯定感の低さが原因となって、うつになったり、気分障害を患ったり、今現在の幸福感が低かったり……といった結果が生じて苦しんでいる人がいます。もしかすると、あなたもそうかもしれません。

そういう人が考えるのは、

「このつらい状況（結果）から抜け出すために、自己肯定感（原因）を上げなくては」

ということ。

実際、最近ではネット上などで、メンタルヘルス問題の根本的な原因として、自己肯定感の低さについて語られることが多いのはご存知でしょう。

たしかに、自己肯定感が上がることは、とても大事なことです。

しかし、「自己肯定感を上げないと、人生は変わらない」「自己肯定感を上げないと、メンタルは改善しない」といった考え方は、きわめて危険です。

自己肯定感が「原因」だからといって、ひたすらそれに対峙することで、うまく行っている人はどれだけいるのでしょうか？　おそらく、優秀かつ相性のいい専門家と運良く出会えたごく少数の人だけのはずです。

たいていの人は、自己肯定感を一生懸命上げようとしても、うまくいかない。何年も、悪くすると何十年にもわたって、です。

それどころか、自己肯定感を上げようと努力しているのにまったく結果を出せない自分に絶望してしまう。加えてその失敗経験を何度も反すうすることによって、さらにメンタルを悪化させているのです。

自己肯定感を上げることは大事。だからといって、直接そこをいじろうとするのは危険、ということがおわかりいただけるでしょう。

そこで、「原因→結果」だけでなく、「原因←結果」もある、というパラダイム・シフトが重要になる。

つまり、自己肯定感そのものをどうにかしようとしない。それよりも、自己肯定感が低いこと（原因）によって、いまの仕事がうまく行っていない（結果）のであれば、

結果である仕事に向き合ってみる。仕事でちょっとした成功、ちょっとした改善を積み重ねる努力をしてみる。そうして、

「今日はまあまあうまく行った」

「ちょっとだけほめられた」

このような経験を積み重ねていけば、自己肯定感は自然な成り行きで少しずつ高まっていくわけです。

ところが、実際には「自己肯定感が低いから仕事がうまくいかない」と言って、仕事そっちのけで自己肯定感を上げるワークばかりやっているような人が目につきます。そう、「原因→結果」の流れしか見えていない人です。これではうまくいかないのはあたりまえなのです。

「気楽に生きる」からこそ本質に近づける

トラウマ、インナーチャイルド、潜在意識、自己肯定感。

こうしたものが必要以上に重視されがちなのは、それが複雑で、見えにくいものだからでしょう。

理解するのがむずかしい、簡単には見通すことができないものだからこそ、ある種の神秘性がある。「ありがたみ」があると言ってもいいかもしれません。だから、そこに本質がある、と思う。それはいいのですが、「そこにしか本質はない」と思ってしまうと、この章で述べてきたような悪い循環にハマってしまいます。

こうした考えはとても危険です。

まず、見えにくいもの、わかりづらいものは、そもそも扱いがむずかしい。あたりまえです。そこに本質があるとしても、潜在意識とかトラウマとか自己肯定感といったものは、アプローチがむずかしいだけに徒労に終わる可能性が高いのです。

そして、こうした「理解のむずかしいもの」について考えることは、精神の危機に直結しやすいということも憶えておきましょう。

たとえば、この宇宙の秘密を解こうとして狂気に陥る天才物理学者はひとり二人ではありません。歴史上、世界の秘密を解き明かそうとした神智学者たちのなかにも、精神を病んでしまった人は数え切れません。

日常的な言葉でいえば、「頭が良過ぎる」「むずかしいことを考え過ぎる」ために狂気に至ってしまう、という例ですね。

見えない、わからない、論理化されていない世界を相手にするというのは、そのくらい危険なことなのです。

スケールこそ違いますが、潜在意識やトラウマに対峙することにも、同じ危険が存在するということを忘れないようにしましょう。

それよりも、本書でこの後、詳しく説明していきますが、**はっきりと意識できるACFを調整して、体調を整え、日常生活を充実させる習慣を身につける**。そのほうが、よほど効果的です。

潜在意識やトラウマではなく、日常の暮らしに目を向けるというのは、いい意味で「お気楽」な生き方です。それでいいのです。

あのブッダでさえ、宇宙の真理について徹底的に哲学的思考をくり広げている間は、悟りに至れませんでした。

身体を痛めつける、さまざまな苦行にもチャレンジしましたが、これもダメ。やはり悟ることはできません。

では、ブッダはどうやって悟ったかというと、気を楽にして菩提樹の下にぼーっと座ってみた。そして、悟ったのです。

もちろん、深くものを考えることは必要です。

そして、これまであなたが深刻に考え込んだり、苦しみながら努力してきたことが無価値だとも言いません。

しかし、そうした努力は、あなたがもっとお気楽に生きることによってこそ、活かされるのです。あなたが知りたい本質的なことに近づくためには、あえてお気楽になりましょう。

そうすれば、アセンションパラレルへ、自分でも気づかないうちに進んでいけるのです。

顕在意識に頼ると物事はとても簡単に、うまく進む

おさらいしましょう。アセンションパラレルへシフトするために大変な努力は必要ありません。

唯一必要な努力は、注意をコントロールする力＝ＡＣＦを調整するための、ちょっとした努力、でした。

先ほど説明した潜在意識と違って、注意をどうコントロールするか、というのは「顕在意識」の世界の話です。

つまり、この本で伝授するパラレルシフトのメソッドというのは、**潜在意識ではなく、顕在意識に着目した方法である**、ということになります。

「潜在意識が顕在意識を決定している、だから潜在意識を変えよう」という考え方の逆だと言っていいでしょう。

潜在意識よりも、もっと身近で、自分でコントロールしやすい顕在意識をいじってやることで、人生を変えてしまおう。そうすれば潜在意識も自動的に変わっていく、という考え方です。

くり返しになりますが、潜在意識を下手にいじることは百害あって一利なし、です。潜在意識は「パンドラの箱」と表現されることがありますが、安易にいじることでネガティブな感情をともなった記憶の反すうが起こるし、最悪の場合、その状態から二度と戻ってこられなくなることさえあります。

潜在意識はたしかに魅力です。あなたをつくっている基礎のような存在なので、そこをポジティブなものに変えられたら、と願う人は多いと思います。

ですが、マンションが建ってから地下の基礎に何かしようとしてもむずかしいのですから、マンションの部屋をリノベーションするように、顕在意識をあなたが生きやすいスタイルに変えていきましょう。

「引き寄せる」から「選ぶ」へ

ここで、もうひとつ注意してもらいたいのが「引き寄せ」です。

「引き寄せる」という言葉が流行るようになってずいぶんたちます。「引き寄せたい」と望んでいる人は多いですし、「引き寄せ」の方法についてもいろいろな人が語っています。

しかし、実際に「引き寄せる」ことができている人がどれだけいるでしょうか。

実際には、ほとんどの人がうまくいっていないからこそ、いまだに「引き寄せ」についてたくさんの本が出ているわけです。

なぜ、引き寄せがうまくいかないのでしょうか。

パラレルワールドとの関係を考えれば、説明は簡単です。

そもそも、「引き寄せたい」という願望が起こるのはなぜでしょうか。自分は満たされていない、足りないものがあると思うから、その足りない何かを引き寄せたいわけです。

そう考えた時点で、「自分は不足のある世界で生きているし、これからも生きていく」という認識になってしまいます。すなわち、これからも満足できない、何かが足りない、幸福でないパラレルワールドを選び続けるということを意味します。

私は引き寄せ自体を否定するつもりはありません。

しかし、基本的に満たされない、足りないものの多いパラレルワールドを選びながら、引き寄せをするのは簡単なことではありません。とんでもない努力が必要になります。

さらに、良くないパラレルワールドの中でいくつかのものを引き寄せたところで、幸福になれないのは当然です。

お金持ちになりたいという願いがかなって莫大な資産を手に入れたけれど、全然幸福じゃない……といった話がありますが、まさにこれです。不幸なパラレルワールドを選んで引き寄せに成功したところで、幸福にはなれないのです。

だったら、**引き寄せる努力をするよりも、とっとと満たされたパラレルワールドを選んでしまったほうが簡単で確実**です。

引き寄せるから選ぶへ。考え方を転換しましょう。

アセンションは世の中が良くなっていく通過点

良いパラレルワールドを選ぶことで、あなたは特別な努力をすることなく、まるでエスカレーターに乗ったようにアセンションすることができます。

潜在意識から顕在意識へ。「引き寄せる」から「選ぶ」へと転換して、パラレルシフトすることで、アセンションがより近くなるのです。

アセンションについては、「それは特別なものではない」ということを理解しておいたほうがいいでしょう。

アセンションには2つの要素があります。

ひとつは、**非物質的な世界がさらに知覚しやすくなる**ということ。

すでに見たように、地球はどんどん非物質化しています。特別、スピリチュアルな世界に感心のない人までも、非物質的な世界を感じやすくなっている。その意味で、いまはまさにアセンションの過程にあると言うことができます。

もうひとつは、**アセンションは世の中が良くなっていく通過点に過ぎない**ということ。

あまり言われないことですが、世の中は確実に良い方向へ進んできています。

二度の世界大戦があった20世紀は、実は人類史上でもっとも殺人や戦争の犠牲者が少ない世紀でした。それはデータで立証されています。これはたとえば、『ファクトフルネス』(日経BP社)などでも詳しく解説されています。

日本の治安は悪くなっている、と思い込んでいる人も多いのですが、犯罪白書などのデータを見ると戦後、犯罪は一貫して減っています。

科学技術の進歩、そして人類の次元上昇によって、世界は良くなり続けている。そのプロセスが急激になるのがアセンションなのです。

だから、アセンションは決して特別ではない。大きな流れの中の通過点のひとつに過ぎないということです。


ですから、よく言われるように、「アセンションゲートがいついつまでに閉じる」ということはありません。「ゲートが閉じると、アセンションから取り残される人がいる」というのも間違いです。

宇宙全体の流れを止めるようなゲートはありませんし、また宇宙全体の流れに取り残される人もありえません。安心してください。


このことを知っておくのは、パラレルシフトのためにも大切なことです。

アセンションゲートは閉じない。自分が取り残されることもない、と知れば、無用な恐怖感にとらえられることはなくなります。

無用な恐怖感がなくなれば、注意力がまともに働くようになります。

そう、ＡＣＦをポジティブなパラレルワールドにしっかりと向けることができるよ

6-1-1-1図　人が被害者となった刑法犯 認知件数・被害発生率（男女別）の推移

（平成２年～令和元年）

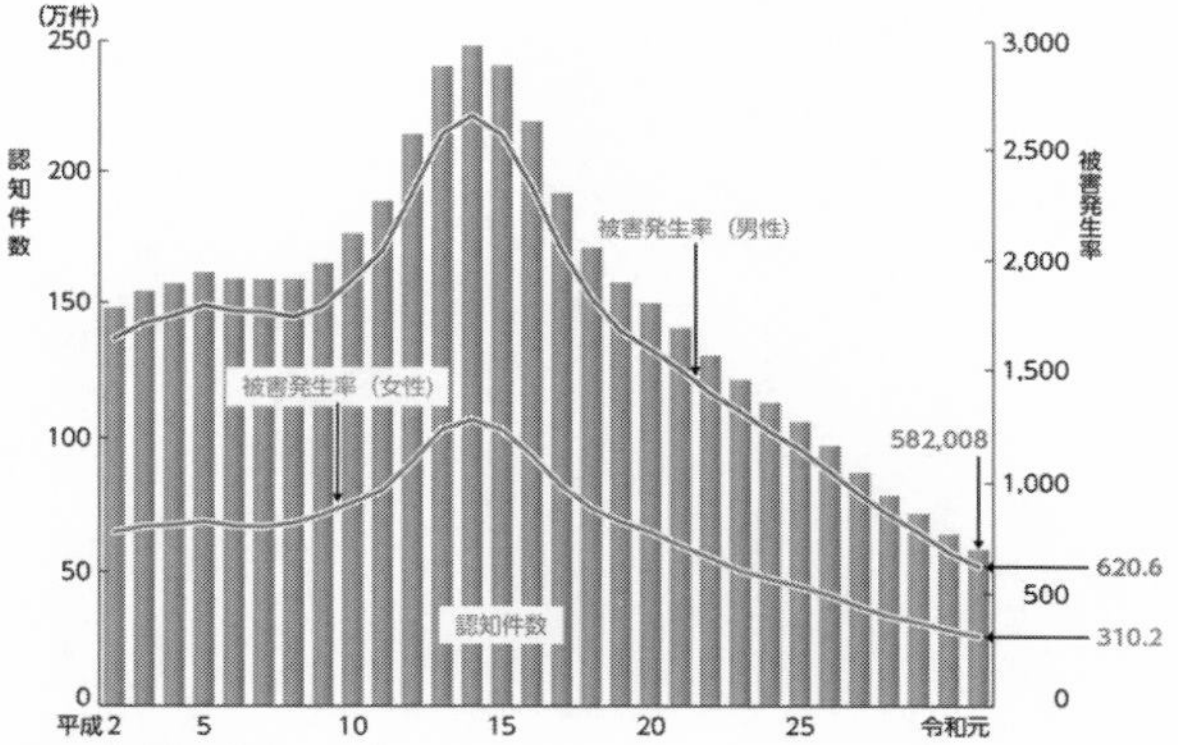

注　1　警察庁の統計及び総務省統計局の人口資料による。
　　2　被害者が法人その他の団体である場合を除く。
　　3　「被害発生率」は，人口10万人当たりの認知件数（男女別）をいう。
　　4　一つの事件で複数の被害者がいる場合は，主たる被害者について計上している。

※令和2年版 犯罪白書より

うになるのです。その結果、あなたはすんなりと理想のパラレルワールドを選び取れるようになります。

厳密に言うとワンネスではない

パラレルシフトをするうえで注意しなければいけないのが、いわゆる「ワンネス」の考え方です。

人間はみな潜在意識、あるいは集合意識と呼ばれるレベルでつながっている。人はみんなでひとつの存在なのだ。

このワンネスの世界観は、魂のあり方を説明したものとして、正しいと言えるでしょう。しかし、パラレルシフトとの関係では扱いに注意する必要があります。

みんながひとつながりの存在であり、あなたもその一部である。とすれば、あなたのあり方はまわりから相当に影響されてしまうことになります。

一方、**パラレルシフトとは、あくまでもあなたという個人が、自由に、独自の判断で、無数のパラレルワールドの中からひとつを選ぶ**ということ。そこに他人の影響はほとんど関係ありません。

逆に、ワンネスということを重視するならば、あなたが好きなパラレルワールドを選ぶためには、人類全体が変わらなければいけないということになってしまいます。つまり、あなたがアセンションパラレルへシフトするためには、とんでもない努力が必要ということになってしまう。

でも実際はそうではない。あくまでもパラレルシフトとは、あなたが勝手に、自由にできることだと認識してください。必要なのは、ＡＣＦを調整して、望むパラレルワールドを自動的に選べるようにすることだけである。

他人を変える必要はない、ということをまず確認しましょう。

では、ワンネスとは一体なんなのか、気になる人がいると思います。

ワンネスとは、個々人がパラレルシフトしていった結果として実現するもの、あるいは姿を現すものだと考えてください。

あなたが理想の未来に向かうパラレルワールドを選ぶ。

あなただけでなく、良いパラレルワールドを選べる人が増えていく。

もちろん、それぞれが理想のパラレルワールドでアセンションしていく。アセンションに自動的に導かれる人が増えると、波動が上昇していく。すると、最終的にはワンネスになっていく……ということです。

つまり、あなたはワンネスの中から生まれた個人ではないのです。**あなたが個人として望み通りに生きていけば、結果として世界はワンネスになっていく**のです。

あなたのパラレルシフトは、**ワンネスに至るための通過点**というわけです。


さて、この章ではパラレルシフトの仕組みについて、基本的なところを理解していただきました。

次の章では、いよいよパラレルシフトのために具体的に何をすればいいか、について説明していきたいと思います。

第3章

パラレルシフトする意識のつくり方

注意が意識をつくる

さて、いよいよこの章からは、パラレルシフトをするために必要な能力、注意をコントロールする力＝ＡＣＦの鍛え方を具体的に説明していきます。

といっても、必要な努力はほんのわずかですから、鍛えるというのは大げさかもしれません。

感覚としては、ＡＣＦの調整法、といったところでしょうか。

ここで、注意のコントロールがなぜ大切なのか、をもう一度確認しておきましょう。

人の精神状態は何によって決まるかと言うと、取り入れる情報によって決まります。わかりやすく言えば、悲惨なニュースを聞けば暗い気持ちになるし、楽しい音楽を聴けば気分が浮き立ってくる、ということです。あたりまえですね。

と言うと、まるで人間は環境の奴隷のようです。ポジティブな情報に囲まれているか、ネガティブな情報に囲まれているかによって、感情を支配されてしまうのですから。

特に現代社会は、とんでもない量の情報で溢れかえっています。

いま、世界中で一日に出力されている情報量は、１８００年代の新聞で言うと数十年分に相当すると言われています。

前の世紀と比べても情報量の増大は歴然で、たとえば関東大震災の情報が大阪に伝わったのは発生から３日後でした。

原爆投下後も、１週間ほどは何が起こったのかは国内にさえ伝わっていなかったのです。いまならすぐにキノコ雲の動画が世界中に拡散するでしょう。

人はただでさえインプットする情報に影響されやすいのに、浴びる情報の量は増え続けている。放っておいたら、私たちはますます情報環境に支配されてしまうことになります。

そうならないためにはどうしたらいいのでしょうか。

ひとつは、**情報の偏りをちゃんと意識する**ということ。取り入れる情報を意識して選別していくことで、アセンションへの環境を整えるのです。

自分の意識で環境をつくれる人は、引き寄せやシンクロニシティも連発させられますが、多くの人が環境の奴隷になっているのがこの世界です。

その環境の最たるものが情報です。

あたりまえの話ですが、「いいこと」はニュースになりにくく、「悪いこと」にはあらゆるニュースメディアが飛びつきます。

たとえば、Aさんがひどい事故の犠牲者になればニュースになりますが、Aさんは今日も一日安全に、心安らかに過ごしました、というニュースは報道されません。

メディアが伝える情報には、そういう偏りがある。基本的には、否定的な出来事しかニュースにはならないと言っていいでしょう。

良くない出来事ばかりのニュース、それについて語るSNS、テレビのワイドショー、職場の雑談……といった情報源にばかり触れていると、人はネガティブな情報ばかりをインプットすることになります。結果、気持ちが沈んでいく。

想念が重たく、暗くなっていく。

世界全体が闇に包まれているように感じられる。

世界はそんなものだというあきらめにとらわれ、自分の未来にも絶望してしまう。

結果として、おかしなパラレルワールドを選んでしまう……という人が多いのです。

本当に世界が良くない方向に向かっているのなら、それも仕方ないでしょう。

しかし、実際はそうではありません。

現実の世界には、むしろいいことがどんどん増えています。すでに言ったように、宇宙全体が非物質化の方向に向かっているのですから。

現実的なレベルで見ても、ワイドショーが騒ぎ立てるのとは反対に、日本の犯罪は一貫して減っていて、いまほど治安がいい時代はありません。

世界を見れば貧困も戦争もまだなくなってはいませんが、その犠牲になる人は確実に減っているのです。

世界には良い出来事のほうが圧倒的に多いし、世界は一貫して良くなり続けている。

そのことに気づかずに、流れてくるネガティブな情報だけを無防備にインプットしていると、否定的なエネルギーに心を使い過ぎて、結果、良くないパラレルワールドを選ぶことになりかねません。

実際、あなたがこれまで理想のパラレルワールドを選べず、不幸なパラレルワールドを選んできてしまった理由もここにあります。

だからこそ、**ちゃんとポジティブな情報に、ポジティブな波動に、そしてポジティブなパラレルワールドに注意を向けられるように、ＡＣＦを調整する必要があります。**

そして、これこそが地球を重い波動から解放する、ということでもあるのです。

ＡＣＦがあっという間に変わる、２枚の写真

では、ＡＣＦの調整のために、何をすればいいのか。

いくつかＡＣＦのチューニング方法を紹介していきましょう。

まず用意していただきたいのは、２枚の写真です。

①不機嫌そうな顔をしている人の写真

しかめっ面をしていてもいいし、明らかに怒っている顔でもけっこうです。見た瞬間、不安や恐怖を感じたり、「イヤだな」と思う物を選びましょう。

②笑っている人の写真

幸せそうな笑顔、楽しそうな笑顔、親しみの笑顔……など、見た瞬間に「いいな」と感じられるものを選びます。

2枚の写真は、同じ人の「不機嫌そうな顔」と「笑っている顔」でもいいですし、「Aさんの不機嫌そうな顔」と「Bさんの笑っている顔」でもけっこうです。

また、身近な人の写真を使うのでもいいですし、有名人の写真、ネットで適当に拾った画像でもかまいません。次のページにサンプルをご用意しました。

この2枚の写真を並べます。パソコンのデスクトップに並べて表示してもいいのですが、できればプリントアウトして、壁に貼っておくほうがいいでしょう。

そして、日常生活の中で、気がついたときに、2枚の写真のうち、②笑っている人の写真のほうを意識して見るようにします。集中して見る必要はありませんし、長時間見つめる必要もありません。

ただ、2枚写真が並んでいるうち、笑顔の写真のほうに意識的に注意を向けるようにする。これを、気がついたときにやるようにします。


「それだけ？」

と思われるかもしれません。そう、まずはこれだけで十分です。


前の章で説明したように、人間の注意はネガティブなものに向くようにできています。クレームおじさんより、スイーツのほうが何百倍もいいものなのに、なぜかうるさいおじさんのほうに注意が引きつけられてしまうわけです。

壁に貼ってある2枚の写真の場合も同じです。ついつい、あなたの注意は①不機嫌そうな顔をしている人の写真のほうに向いてしまいがちなはずです。そのこと自体は仕方ないので、気にする必要はありません。

ただ、①に注意がつい向いてしまったら、そこから意識して②に注意を向け変える。

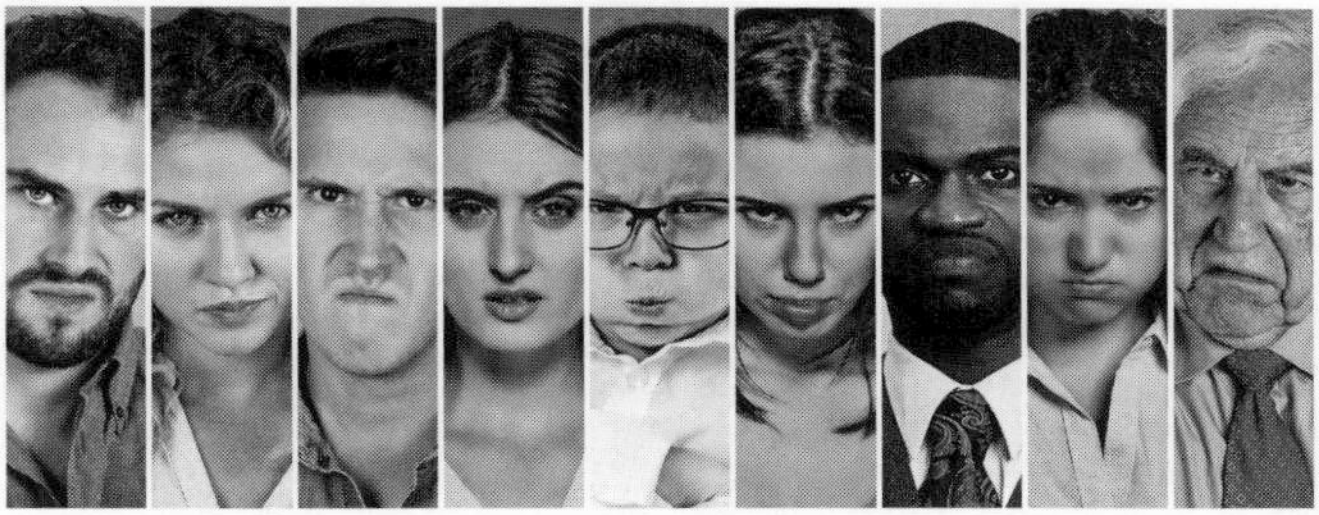

これが、注意をコントロールする能力、すなわちＡＣＦの訓練になるのです。

簡単に言うなら、これは筋トレのようなものです。

重いダンベルを持っていたら、重みで徐々に下に引っ張られて、最後には腕は伸び切ってしまいます。重力があるのだから仕方ありません。

しかし、そこでちょっとがんばって、重力に逆らって腕を曲げる。腕の筋肉に重みがかかってちょっときついですが、あえて負荷をかけることによって筋肉が強くなるわけです。

シワやたるみを改善する顔筋のトレーニングをやったことがある人も多いと思います。あれも同じで、放っておくと頬やアゴの肉が重力でだらっと下がってしまう。あえて重力に逆らって顔の筋肉を引き締めてあげることで、リフトアップ効果が得られます。

２枚の写真を使うエクササイズは、筋力ではなく、注意力を鍛えるために同じことをやるものです。

（まるで重力が働いているかのように）ついついネガティブに引きつけられてしまう注意を、（重力に逆らう筋トレのように）「よいしょ」とポジティブな方に向けてやる。これによって、ＡＣＦが鍛えられるというわけです。

と言っても、ダンベルを使った筋トレや、腕立て伏せやスクワットで自分の体重を持ち上げるほどしんどいトレーニングではありません。気軽に、思いついたときにやれるエクササイズです。一日に何度もやっても疲れ切ってしまうこともありません。ネガティブなものに向きがちな注意を、意識してポジティブなものに向ける日常的な習慣。そのために2枚の写真を壁に貼る。

意識しなくても自然に、ポジティブな方に注意が向けば、自動的に良いパラレルワールドと共鳴できるようになり、勝手にアセンションパラレルを選べるようになる、ということ。

ＡＣＦのチューニングは、まずここからはじめましょう。シンプルですが、これが基本です。

「アセンション後の地球」を見る

次のチューニング方法も、自然にポジティブなものに注意が向くように習慣づけていくという狙いは同じです。

ただ、よりパラレルシフトをしやすくなるよう、練習の素材を変えてみましょう。

１３７ページにある写真は、「**アセンション後の地球**」です。

これも第２章で述べたことですが、良いパラレルワールドさえ選べば、浄化や成長のために努力をしなくても、エスカレーターに乗ったかのように、自動的にアセンションすることができます。あなたはただ、アセンションパラレルを選びさえすればいい。

このチューニング法では、自然にアセンションパラレルに注意が向き、共鳴できるようになり、そしてアセンションパラレルにシフトできるようになることを目指します。

これもやり方は簡単。

アセンション後の地球（137ページ）を見るだけです。

意識を集中してじっと見ることができればより効果的ですが、無理をする必要はありません。気が向いたときにこの本を開いて眺めるだけでもけっこうです。

また、拡大コピーして壁に貼ってもいいでしょう。普段の生活の中で折にふれて見るようにします。

アセンションした後の世界のイメージは人それぞれのはずです。人の数だけ理想があり、理想の数だけ「理想のパラレルワールド」があるのだから、当然です。

これも前に言ったことですが、人それぞれのアセンションがあり、みんなが「それぞれのアセンション」を体験していった先にあるのが本当のアセンションだと考えてください。

ですから、写真を見て、あなたにとっての「アセンション後の世界」とはイメージが合わないと感じることがあるかもしれません。

その場合も、特に気にする必要はありません。大きな方向づけとして、アセンションパラレルに注意が向けばいいのですから。たとえイメージと違う写真であっても、アセンション後の地球に注意を向け続けることで、効果は得られます。

もちろん、あなたが「アセンション後の世界」をイメージしやすい画像がほかにあれば、それを使うのもまったく問題ありません。

それはイラストかもしれないし、写真かもしれません。マンダラかもしれません。記号や文字にアセンション後の世界を感じる人もいるでしょう。自由にお好きなものを選んでください。

絵心がある方なら、自分でアセンション後の地球を描いてみるのもいいでしょう。

ＡＣＦを強化する「一点注視法」

これまで見てきたように、ＡＣＦを調整するのに、厳しい努力は必要ありません。日常生活の中で、気がついたときに注意をポジティブなほうに向け直す。そのために、写真や絵などを使う。これで十分です。

ただ、もし余裕があれば、ＡＣＦを本格的に鍛えてみるのはより効果的です。もっと短時間で変化が得られるし、パラレルシフトがよりスムーズになるでしょう。

そこで、やる気のある方におすすめしたいのが、ＡＣＦの強化法。特に、いわゆる「集中力」を高めるためのエクササイズとして、拙著『ブレイン・マネジメント』（ビオ・マガジン）でも紹介した「**一点注視法**」です。

これもやり方はとても簡単です。

まず、身のまわりにある「点」を選びます。

これは、スマートフォンの電源ボタンの右端とか、ボールペンの先端、あるいはボールペンで紙にチョンと打った点、などなどのごく小さい一点です。

電車に乗っているときだったら、たとえば中吊り広告のなかの一番小さい活字を見る。その中に「だ」があったら、濁点のうち右側の「、」を選ぶ、というようにします。

一点を決めたら、3~5秒は見続けるようにします。しっかりと目を見開いて、能動的に、集中してこの一点を見つめます。

これを、一日に1回からはじめて、徐々に回数を増やしていきます。一日に10回もできるようになれば十分でしょう。

電車で立っているときでも、コンビニのレジに並んでいるときでも、ちょっとしたスキマ時間を利用してできますから、習慣化すればどんどん回数を増やしていけるはずです。

現代人はものすごい量の情報にさらされていることはすでに述べました。一日中スマホやパソコン、街の看板などから情報が脳に入ってきている状態です。

その一方で、一点に集中するような脳の使い方をする機会はどんどん減っています。情報量がこれだけ多いと、一つひとつの刺激にしっかりと向き合ってはいられませんから、当然です。

この「一点注視法」は、現代に生きる私たちが普段はしない脳の使い方を、意識して行うエクササイズです。やってみるとわかりますが、ほんの数秒のことなのに、脳にいつもと違う刺激が入ります。その刺激がＡＣＦを鍛えてくれるのです。「なんだか頭がスッキリした感じがする」「気分が落ち着く」という人もいます。

ちなみに、このエクササイズはパラレルシフトのために役立つのはもちろんですが、一般的な意味での「集中力」を鍛える効果もあります。仕事で力を発揮したり、家事や読書がはかどるようになったり……といったことも期待できるので、一度試してみる価値はあるでしょう。

ACF
(注意制御機能)

エネルギーマーク注視法

「一点注視法」は効果があるのですが、欠点があります。

それは、ちょっと退屈なこと。自分で決めた適当な一点を見つめる、というだけのエクササイズですから。飽きやすくて長続きしない、という問題もあります。

そこで、本書では、「一点注視法」を実行しやすくして、なおかつ効果を爆発的に高めたエクササイズを用意しました。

そこで使うのが、**巻末の袋とじに収録した吉濱オリジナルのエネルギーマーク**です。

詳しくは巻末にある袋とじの中で説明していますが、このエネルギーマークを「一点注視法」に使います。

このマークは、私がかつて体外離脱したときに、プレアデスで見てきた建物をモチーフにしています。

私がさまざまな霊力を使えるようになったのは、19歳のときに、当時暮らしていた実家の部屋で、宇宙人と出会ったのがきっかけです。

その時期から、体外離脱も頻繁に経験するようになり、その途上で他の星を訪れることも何度もありました。

そのうちのひとつ、プレアデスで見た建物が、このエネルギーマークのモチーフになっています。

建物、と言うと、普通はその中に住むものだと思うでしょう。しかし、もともと建物の役割は、その中を利用することではなくて、そこに存在することで磁場を調整すること。ピラミッドなどはその典型です。

私がプレアデスで見た建物もそうで、磁場＝エネルギーを適切にコントロールするための施設です。その建物を真上から見たのが、このエネルギーマークの形である、というわけです。

基本的な使い方としては、エネルギーマーク中心の一点を注視するのですが、他にもエネルギーマークの中のいろいろな点を見ることによって、それぞれに違った効果が得られるようになっています。

パラレルシフトのためにACFをチューニングする、という大きな目標に加えて、あなたがどのような「解決したい悩み」を持っているかによって、使い方を選んでください。

活用法のバリエーションが豊富なことに加えて、もうひとつ重要なことがあります。このエネルギーマークを使うことによって、マークが持っている波動と同調できることです。

それは、あなたの理想のパラレルワールドと同調しやすい波動になっていく、ということです。

さらに、後で説明するように、パラレルシフトのためには脳にある松果体《しょうかたい》という器官の活性化も効果的です。このマークには、見るだけで松果体にエネルギーが送り込まれ、活性化する効果もあります。

マーク自体が良い波動を持っていることに加えて、今回はこのエネルギーマークが私からの遠隔セッションの「中継点」になる仕掛けも加えました。

これについても、詳しくは袋とじページを参照してください。

パラレルを選ぶ鍵は松果体の覚醒

さて、パラレルシフトのために、ＡＣＦと並んで、ぜひ開発してほしいのが、松果体です。

松果体の覚醒につながるワークについても、ここで紹介しておきましょう。

松果体は、左右の脳の真ん中にあることから、「第三の目」とも呼ばれます。これがなぜ、パラレルシフトに重要な意味を持つのでしょうか。

パラレルシフトには注意の力＝ＡＣＦを使うことは詳しく説明してきました。注意のコントロールの中でも、特に注意を一点に集中する力、いわゆる**「集中力」を司っているのがこの松果体**です。

これを鍛えることは、あなたが望むパラレルワールドに注意をしっかりと向けることにつながります。

また、松果体の強さは、スピリチュアルな観点から説明すれば「念」の強さです。

たとえば、スプーン曲げができる人はたいてい松果体が異常活性していることはよく知られています。

「思ったことを現実化する力」が強い人はみな松果体が強い、ということです。

そのため、松果体を鍛えることは、あなたが望むパラレルワールドとの共鳴を強め、よりパラレルシフトを確実・簡単にしてくれるという効果もあります。


松果体にはもうひとつ、重要な役割もあります。前に言った映画館のたとえを思い出してください。

あなたがどんなパラレルワールドを選ぶにせよ、この世界は、高次元から投影されたホログラフィーのようなものです（この点については、第1章を読み返していただくとよくわかります）。「高次元からの情報投影」の中継点としての役割を果たすのが松果体なのです。その意味でも、松果体は私たちの理想のパラレルワールドを選ぶ上で重要だと言えます。

というわけで、第三の目＝松果体を覚醒させるために、能力開発プログラムを実践してみましょう。

やり方は3つ。手軽にできるものから順に紹介していきます

松果体覚醒ワーク① 鏡のワーク

松果体は左右の脳の間にあります。これを自分で意識するときには、眉間《みけん》を意識すればOKです。このことから、松果体は「第三の目」とも呼ばれるわけです。

松果体を覚醒させるワークとして一番手軽なのは、鏡を使う方法です。

鏡の中の自分の、眉間をじっと見ます。

しばらく見ていると、眉間にジリジリする感じ、軽い圧力のような感じ、あるいはちょっとくすぐったい感じ……など、何かを感じるはず。感じられれば成功です。鏡の中の眉間を見つめ続けながら、しばらくその感覚を味わってください。長時間続けられたらベストですが、最初は短時間でも十分です。

とても手軽な方法ですが、これは松果体を活性化するためにとても効果的な方法で、

密教の修行にも取り入れられているほどです。

また、鏡の中の眉間を見つめることは、前述の「一点注視法」と同じ効果もありますから、一石二鳥のワークということになります。

松果体覚醒ワーク② 人型のワーク

紙を用意して、そこに151ページの図のような人型を描いてください。

そして、人型の眉間に点を書き入れます。つまり、ちょうど松果体の位置です。

小さな〇を塗りつぶすつもりで描くほうがいいでしょう。

そうしたら、この点を爪の先で縦に「開く」。紙が破れるほど力を入れる必要はありません。「開くつもり」で、紙の上に爪を滑らせるだけで十分です。

ポイントは、縦に開くイメージで行うこと。松果体＝「第三の目」は、右目や左目のように横に開くのではなくて、縦に開いた「目」だからです。

これを毎日1回行うと、松果体をよりリアルにイメージすることができるようになり、覚醒が早まります。

実際、私は陰陽道の修行中に、この方法を使って、一発で松果体を開かれた経験があります。ひとりで実践しても、続ければかならず効果が出るでしょう。

松果体覚醒ワーク③　名前・生年月日を使った遠隔ワーク

3つ目として、遠隔ワークで私のエネルギーを利用する方法を紹介します。
まず、先ほどと同じく紙に人型を描き、眉間には点を書き入れます。
次に、点から線を引っ張って、「第三の目」と書いてください。（図参照）
その下に、次の項目を書きこんでください。

・名前
・生年月日

・「第三の目　覚醒」

ここまで書けたら、紙を折りたたみます。

折りたたんだ紙に、エネルギーを入れていきます。

巻末の袋とじにあるエネルギーマークの上に、折りたたんだ紙を置いてください。

そのまま24時間放置すると、私が送ったエネルギーがあなたの松果体に入り、一気に覚醒が進むはずです。


以上、３つのワークが、松果体の覚醒に効果的です。

また、前に紹介したＡＣＦを鍛えるトレーニングは、同時に松果体の開発効果もありますので、その点も意識して取り組んでみましょう。

松果体覚醒ワーク②

松果体覚醒ワーク③

「第三の目」

・名前
・生年月日
・「第三の目　覚醒」

邪気から身を守る「立ち方」

パラレルシフトのために松果体を覚醒させるのはいいのですが、問題もあります。ひとつは、松果体のエネルギーだけが強くなると、心身のバランスが崩れて体調不良を招くことがあること。

もうひとつは、覚醒したエネルギー体が肉体をはみ出るほど大きくなるために、邪気をやたらと吸いやすくなってしまうこと。これも、やはり体調不良につながります。

邪気もまた、エネルギー体のひとつです。したがって、人間が持っているエネルギー体は、そもそも邪気に反応しやすいものです。

それでも通常はそれほど邪気の悪影響を受けることはありません。なぜなら、肉体がカバーの役割をして、エネルギー体を邪気から守っているからです。

ところが、松果体の覚醒によってエネルギーがアップするとどうなるでしょう。エネルギー体が大きく成長して肉体をはみ出してしまう。つまり、エネルギー体がむき出しの状態になってしまいます。

こうなると、守るものがなくなった人のエネルギー体は、邪気に反応しやすくなってしまう……という「副作用」が起きてしまうわけです。

では、これを防ぐにはどうしたらいいでしょうか。

エネルギー体が肉体からはみ出さないように、しっかりと体につなぎとめること。そして、体の中に閉じ込めておく必要があります。

そのために役立つのが、実は足なのです。

足の裏にある湧泉《ゆうせん》というツボは、エネルギー体の「錨《いかり》」のような役割をしています。これを活性化することで、エネルギー体を肉体にちゃんと納めておくようにするのです。

では、どうやって湧泉を活性化するか。

そのための技術が**グラウンディング**です。グラウンディングとは、簡単に言えば正しい立ち方のこと。

正しい立ち方とは？　なんて、考えたことがない人のほうが多いでしょう。しかし、それは大問題です。

現実的には、エネルギーは肉体にかなり左右されます。

たとえば、気功で「気血水」を重視するのは、血や体液の流れが良くなれば、スピリチュアルなエネルギーの循環も良くなるという観点からです。

あるいは、肩がひどく重く感じられるとき。エネルギーの次元で見れば、邪気が溜まっているということです。だからといって、これを治すためには特別な技術を持ったヒーラーによる浄化が必要かというと、そうではありません。

ごく普通のハリやお灸でも効果がありますし、マッサージしたりストレッチしたりしても改善します。

つまり、単なるストレッチで邪気をはらうこともできるということ。そのくらい、スピリチュアルなエネルギーのレベルと、物理的な肉体とは深く関係しているのです。

ですから、肉体の使い方は非常に重要である、ということです。

その意味で、グラウンディング＝立ち方にはぜひ注目していただきたいのです。
では、その具体的なポイントについて以下で説明しましょう。

本書出版にあわせ、グラウンディングについての詳しい解説動画も用意しています。巻末の袋とじに2次元コードとURLを掲載していますので、そちらもぜひご覧ください。

①「内股《うちまた》」に注意

よく言われる立ち方のコツとして、「自分の軸と地球をつなげましょう」というのがあります。体を通っている軸を重力の方向と一致させることで、しっかりと大地からエネルギーをもらえる立ち方をする、ということです。
ところが、現代人の多くはこの軸がめちゃくちゃになってしまっています。特に、女性に軸が乱れている人が多い。これは、女性が内股になりがちなことと関係しています。

ファッション誌の写真などを見るとわかりますが、たいてい女性は内股ぎみで立っています。膝が内側に入って、両方のすねが二等辺三角形をつくっているような姿勢が、「女性の美しい立ち方」とされているわけです。

見た目はそれでいいのかもしれませんが、これは非常にまずい立ち方です。

何がまずいか。人体の仕組みからして、内股になると、骨盤はかならず前傾します。骨盤が前に倒れるわけですから、この時点でもう軸がまっすぐに立っていません。

また、骨盤が前傾するということは、腰が反《そ》るということです。反ったままの姿勢では当然、負担がかかりますし、痛くもなります。そこで、自然に猫背になってこの負担を吸収しようとします。

こうして、内股かつ反り腰、猫背の姿勢が習慣化してしまうのです。

猫背でいると、上半身にあるチャクラが横に寝てしまった状態になります。これが問題です。

正しいグラウンディングができている状態では、**頭のてっぺんからエネルギーが入ってきて、それがチャクラを通ってまっすぐに下に降りていって地球の中心部に届**

きます。

そして、**地球の中心からまたエネルギーが折り返してきて、足から自分の身体に入り、さらに天にまで昇っていく。**

この循環がスムーズに行っている状態だとイメージしてください。

ところが、猫背の姿勢で、チャクラが横に寝てしまっていると、頭頂部からエネルギーがうまく入ってきません。

これは、串に刺したお団子をイメージしてもらうとわかりやすいかもしれません。チャクラはお団子です。お団子がまっすぐに並んでいれば串を通すことができるけれど、猫背になってお団子の並びが曲がってしまっていては、串を刺すことができません。

また、猫背だと首まわりがガチガチに固まってしまいます。実際、首や肩こりに悩んでいる方は多いでしょう。

すると、たとえヨガなどのワークで一時的に頭頂部からエネルギーを取り入れることができたとしても、首から下には流れてくれなくなります。

この状態でエネルギーを取り入れるようなワークをすると、頭だけが過剰に活性して、心身のバランスが崩れてしまうのです。

ヨガや呼吸法を試したらかえって体調が悪くなってしまった……という経験がある人は、まさにこの状態になっている可能性があります。


これを正しい状態に戻すには、そもそもの原因である内股を改善することです。

まずは、内股になっている脚をまっすぐにすることを意識してみましょう。膝を内側に向けるのではなく、正面に向けて立つようにします。

その上で、お尻の筋肉を中央に寄せるように軽く締めます。この動きは、骨盤を前傾したままではできません。お尻の筋肉を締めると、自然に骨盤の角度がニュートラルになります。

内股をまっすぐに。お尻の筋肉を軽く締める。まず、ここまでを試してみてください。これだけで、とりあえずまっすぐに立つことはできるようになるはずです。

②O脚にならないように

さて、この立ち方だと、「けっこうきついな」と感じると思います。無理もありません。内股がくせになっていた人が無理にまっすぐ立っているわけですから。おそらく長時間立っているのがむずかしいでしょうし、がんばって立ち続けるとかえって腰痛が出たりします。

そこで、今度はラクに立てるようにしていきます。

内ももの間にクッションを挟んでいるようなつもりで、軽く締めましょう。

これまで内股だった人が脚をまっすぐにしようとすると、ももの外側の筋肉が張ってきます。

このまま立ち続けると、脚が外に広がってO脚になってしまうこともあります。そうならないように、内ももの筋肉を使って軽く脚を閉じる。これを意識することで、ラクに立てるようになっていきます。

③へその下・肩・あごを意識

さらにいくつか姿勢を改善しましょう。

おへそから3センチくらい下、ベルトのバックルがあるあたりを、斜め上に引き上げるように力を入れます。これも、軽くです。腹筋に力を入れるのではなく、お腹を少しへこませる感じで。

肩はちょっとだけ引きます。肩胛骨を寄せると、反り腰になってしまうので注意しましょう。

最後に、少しあごを引きます。これも、のどが詰まるほど引かないように。頭頂部から入ったエネルギーがまっすぐに下がりやすいように、首を少しだけ調整してあげる意識です。


以上が、正しいグラウンディングの方法です。

気をつけることが多くて、最初は大変だと感じられるかもしれませんが、自然な立ち方に戻すわけですから、慣れれば意識せずにできるようになります。

このグラウンディングを実践するだけで、高次元のエネルギーがスムーズに入ってくるようになります。

つまり、**きちんと立つだけでエネルギーワークとなり、松果体は勝手に覚醒していく**のです。

このような理想的な立ち方ができるようになった上で、さらに呼吸などのエネルギーワークをやれば効果は飛躍的にアップします。

ついでに、立ち方を意識するということは、それ自体がＡＣＦの訓練にもなりますから、これもまた一石二鳥です。

パラレルシフトのための最強のマントラ

この章では、パラレルシフトの鍵を握るＡＣＦを調整し、あなたの理想のパラレルワールドに自動的に「ピントをあわせる」ための方法を伝授してきました。

最後に、もうひとつだけ、とびきり強力な方法をお教えしましょう。

それは、日頃からマントラを唱えるようにすること。

いろいろなマントラが考えられますが、ひとつの例としては、

「私は、幸せなパラレルワールドを選んでいる」

といった、パラレルシフトがうまくいくという内容のもの。

これを日頃から唱える（声を出せない場所では心の中で唱えるのでもＯＫ）ことによって、３つの効果があります。


ひとつは、**マントラを唱えることに脳の情報処理能力を使うことによって、第２章で紹介した反すうを減らせること**。反すうとは、リアルな感情をともなってネガティブな記憶を思い出すことでした。

反すうはストレスのもと、うつの原因です。すなわち反すうとは、脳にダメージを与えるということです。ダメージを受けて、脳の機能が落ちてしまったら、ＡＣＦの調整どころではなくなってしまいます。

試してみればわかりますが、「私は、幸せなパラレルワールドを選んでいる」と唱え

ながら、過去の記憶を、リアルな感情までともなって思い出す……というのはそうとうむずかしいはず。

マントラを唱えることで反すうを防げる、というのはそういうことです。

マントラの効果の2つ目は、**エネルギーの蓄積**です。

よく「言霊」と言われるように、言葉にはエネルギーがあります。ポジティブな言葉を口に出し、頭に浮かべる。これをくり返すことで良いエネルギーが蓄積されていくのです。

3つ目。マントラを唱え続けることによって、**注意が自動的に方向づけられる**こと。「私は、幸せなパラレルワールドを選んでいる」と事あるごとに唱えていれば、自然に注意は良いパラレルワールドに向かいます。すると、自動的にアセンションパラレルにシフトしやすくなるわけです。

ちなみに、唱えるマントラは、あなたが言いやすいもので構いません。いま挙げたのは「私は、幸せなパラレルワールドを選んでいる」ですが、同じような意味でもっとあなたらしい言い方に変えてもＯＫ。

できるだけ簡単で唱えやすいものがいい、という場合は、「ありがとう」でもけっこうです。個人的には、「ありがとう」と唱えればしあわせになれる……なんて言うのはちょっと気恥ずかしいのですが（笑）

ですが、「ありがとう」が強力なマントラであることは間違いありません。ぜひ活用してください。

第4章

勝手にアセンションパラレルへ向かう毎日に変える

日常の過ごし方であなたは変わる

前章では、パラレルシフトをするために重要なＡＣＦ（注意制御機能）をどうやって調整するか、について、具体的なノウハウを説明しました。

何度も言うように、パラレルシフトをするのに大変な努力は必要ありません。「引き寄せる」努力を脱して、簡単に「選ぶ」ことにしよう、というのが本書のテーマのひとつです。

第３章で紹介した方法は、どれもそれほど困難なものではありませんし、しかも実践はマイペースでかまいません。気が向いたものを、気が向いたときに試してみていただければと思います。

それだけで、あなたのパラレルシフトは十分加速されます。

その上でこの章では、さらにパラレルシフトを加速したい方のために、日常生活のレベルで実践したほうがいい習慣を紹介したいと思います。実践しなければいけないではありませんから、気をつけてください。

ここで紹介したことを「しなければいけない」と思って、「でも、できない。自分はダメなんだ……」とネガティブな想念を抱えてしまうのでは本末転倒です。

やってみたいな、というときに取り入れるくらいで十分。あくまでも、パラレルシフトを加速するためのプラスアルファのノウハウとして、余裕があれば試してみていただきたいと思います。

また、どれもパラレルシフトに「効く」というだけでなく、日々の生活の質を上げる習慣でもありますから、手軽なライフハックとして実践していただくのもいいでしょう。

人間関係がラクになる、「他人の長所書き出し法」

生活していく上で避けられないのが人間関係。特にネガティブなそれはストレスの元です。

あなたもまわりに「苦手な人」がいると思います。あるいは、「嫌いな人」「怖い人」もいるでしょう。できれば関わりたくないけれど、でも関わらざるを得ない人。

そんな、「身近で」「否定的な意味で影響力の強い人」がいたら、その人の長所を紙に書き出してみましょう。

もちろん、「苦手な人」「嫌いな人」「怖い人」の長所を見つけるのはむずかしいでしょう。その人のことを考えるのも嫌、ということだって、あるかもしれません。

そういう場合は無理をする必要はありません。とりあえずの練習として、身近で、嫌いじゃないが好きでもないくらいの人（職場の同僚あたりがいいでしょう）について、長所を書き出していきます。まずは簡単な「初級編」から、ということです。

この「他人の長所書き出し法」の効果は2つあります。

ひとつ目は、人間関係で悩む時間がぐっと減るという点です。

人間関係のなかで、「嫌な人」に出会うことは避けられません。ただ、「嫌な人」には次の2種類があります。

まずは、相手が本当に救いがたく、暴力的な邪悪な人である場合。こういうときは、単純に関わるのをできるだけ避けましょう。できるなら、ただちに縁を切ることをお勧めします。

そうした邪悪な人ではなく、家族や友人には「いい人」と思われているけれども、あなたにはその人の短所がはっきり見えていて、必要以上にその人の言動が気になってしまう、といった場合がありますよね。

夜寝るときに「ああ、今日もあの人のおかげで最悪だった。あの人ってなんでああなんだろう」という思いに駆られて、モヤモヤする。

社会生活を送っていれば、こういうことはよくあります。

もちろん、その人があなたにとって「嫌な人」であることを否定する必要はありません。実際、迷惑をかけられたり、心ない扱いを受けたりしているでしょう。だから、決してあなたが悪いと言いたいのではありません。

ただ、**その人の長所にも注意を向けられたなら、嫌悪感は多少ですが減ります**。相手を好きになる必要はありませんが、嫌悪感や寝る前のモヤモヤがなくなるだけで、気持ちはずいぶんラクになるはずです。

また、心に余裕ができれば、さらに上手な対処もできるようになります。何より、これもまたポジティブなことに注意を向けるＡＣＦの訓練でもあります。

「他人の長所書き出し法」の効果の２つ目。これもＡＣＦに関わります。

あなたや私も含め、ほとんどの人は「自分は与えてばかりで、他人は何もやってくれない」という考え方になりがちです。冷静なときにはこれが極端な考え方だとわかりますが、うまくいかないことが続いたり、疲れていたりするとつい、そう考えてしまう。

なぜそうなるかというと、やはり注意が偏っているからです。

他人が自分のためにあれこれやってくれている、ということに注意が向けられていない。他人の自分への好意、貢献をちゃんと見られていない、ということ。

結果として、他人は自分にとって脅威でしかなくなり、人間関係を破綻させてしまう人も多くいます。

すると、その破綻の経験がさらに人間に対するネガティブな見方を強化してしまいます。

人との関わりが避けられないなかで、人間のネガティブな方向に注意が向きがちになってしまうと、それは当然、パラレルシフトにも悪影響を及ぼします。ネガティブなパラレルワールドのほうへ自然に向いてしまう。良くないパラレルワールドとの共鳴が強まってしまう、ということです。

他人の長所を書き出し、人間のいい部分を可視化すれば、この悪循環を逆にまわすことができます。関わる人のいい部分に自然に目が向くようになり、他人が脅威でなくなり、ポジティブなパラレルワールドと共鳴できるようになっていくわけです。

この「他人の長所書き出し法」は、認知療法で行われている「ポジティブ・データログ」という手法の応用です。

未来に絶望して、反すうもうつも強い、という人に対して、「ささいなことでかまわないので、『いいこと』を書きとめる」ようにしてもらいます。

ささいなこと、というのは、本当にちょっとしたことでいい。「今日、外に出たら風が気持ち良かった」「お昼ごはんがおいしかった」「部屋の掃除が手早くできた」程度のことです。

こうしたささいな「ポジティブ」を記録していって、ときどきそれを見返す。すると、それだけでも「なんだ、私の人生ってそんなに悪くないじゃん」と思えるようになります。

そう、注意が肯定的な方向に向くということ。これによってうつや反すうが軽くなっていきます（この本のテーマに即して言えば、これは少しだけポジティブなパラレルにシフトできた、ということだと言ってもいいでしょう）。

「他人の長所書き出し法」は、この手法の人間関係版です。もちろん、もともとの「ポ

みんなをよく笑わせているよなぁ
机がいつも片づいていたなぁ
差し入れをしてくれたこともあった

ジティブ・データログ」もパラレルシフトにはいい影響を与えますから、実践する価値は十分あります。

「許せない人」への対処法

人間関係についての話をしたついでに、「許せない人」への対処法にも触れておきます。

その人の長所に目を向ける以前の問題で、とにかく思い出すだけで嫌な気分になる人。

その人にされたひどいことをどうしても許せない。

しかも、許せないからこそひんぱんにリアルな感情をともなって思い出してしまう（反すう）。

そういう人にどう対処するか、ということです。

よく言われるのは、そういう相手を「許しましょう」ということ。許さなければ先に進めない。許せない相手を許すからこそポジティブに転換できる。許すことで魂が成長する、といった言い方をされることが多いです。

たしかに、許すことができれば、それが一番いいのかもしれません。

しかし、実際には許すことがむずかしい（ほぼ不可能）だから苦しんでいる人が多いはずです。

ですから、**無理にそういう相手を許す必要はありません**。大事なのは、**許せない相手に頭を支配されないこと**。それさえできれば許すことはできなくていい。

では、頭を支配されないためにはどうしたらいいでしょうか。

その人についてくり返し反すうしてしまうのは仕方がありません。無理に反すうをやめようとすると、かえって挫折しやすいから、とりあえずそれはやめておきましょう。

それを踏まえたうえで、もし許せない記憶がリアルな感情をともなって蘇ってきたら、「あ、また反すうしている」と自分で気づくようにするのです。

声に出して「あ、また反すうしている」と言うのもいいでしょう。まずはこれを実践してください。

その一方で、前述の「他人の長所書き出し法」を、「許せない人」以外の、普通の人間関係の中でやっていきましょう。

身のまわりにいる、もっとライトな「嫌な人」、それがつらければ好きでも嫌いでもない「無害な人」を対象に、長所を書き出してみる。

相変わらず、「許せない人」について思い出すことは多いでしょうが、そのたびに「あ、また反すうしている」と軽く受け止める。そして、他の人間関係を「他人の長所書き出し法」で少しずつポジティブな方向にもっていくのです。

これをしばらく続けていくと、徐々に「許せない人」について思い出すことは減っていきます。つまり、それだけ頭を支配されることが少なくなっていくということです。

自分で感じられるほどには、思い出す回数は減らないかもしれません。「許せない」とまで感じる相手なのですから、それは当然です。そこは長い年月をかけて少しずつ反すうを減らしていくつもりで、気長にやりましょう。

許せない相手を許そうとするのは下りのエスカレーターを昇るようなもので、とてもつらいはずです。

「許さなくていい」と考えて、とりあえずできる対処を気長に続けていく。そんなふうに態度を変えるだけでずいぶんラクになるはずです。

そして、「許せない人」への対処法はそれで十分だから、安心してください。

個が優勢になっていく時代であることを認識する

これまでの人間社会は、集団が基本でした。家族も、学校も、会社も、すべて集団です。日常生活も、人としての成長も、仕事も、集団を単位としてやっていく。ということは、集団に溶け込めない人は何もできない。極端に言うとそんな社会でした。

それが、いま大きく変わりつつあります。

たとえば、これまで不登校や独居老人といった事実はネガティブに捉えられていましたが、見方を変えれば、そういう生き方も許されるようになってきたということ。「おひとり様」「ひとり飯」は、すでに人生を楽しむひとつの方法としてポジティブに語られることも増えてきていますね。

特にコロナ禍以降、ひとりで過ごせる、また、ひとりで楽しめるというのは、ある種の才能とまで見られるようになってきました。

仕事にしても、インターネットの普及によって、フリーランスやノマドワークといった組織と距離を置いた働き方が浸透してきました。

最近では急激にリモートワークが広がって、「みんなが集まって仕事をするのがあたりまえ」ではなくなってきている。

要するに、これまでの人間関係は「いかに集団に溶け込むか」が最重要課題でしたが、これからは「ひとりの個人として、必要なときだけ集団と上手くやるにはどうしたらいいか」を考える時代になっていく。それが「個が優勢になっていく時代」ということです。

もちろん、その変化のスピードはあなたが置かれた環境によります。あなたがどの程度、集団と関わりたいのかにもよるでしょう。

無理にひとりで行動しなければいけないということではないのは言うまでもありません。

しかし、大きな流れは「集団から個へ」です。

だから、もしも人間関係が苦手なら、無理に集団に溶け込もうとする必要はありません。どうしても避けられない人間関係はあるでしょうが、「人と関わらなきゃ」とおかしな義務感にかられて不要な人間関係に突っ込んでいかなくてもいい。

つまり、無理のない範囲で個人主義的になりましょう、ということです。

さて、このことがどうパラレルシフトに関係するのでしょうか。

あなたにとって理想のパラレルワールドを選ぶのは、当然ながらあなた自身です。

そして、くり返し述べているように、パラレルシフトをすることはむずかしくない。

ますますパラレルシフトしやすい方向に世界は変わりつつあります。

そのときに、あまりにも集団への帰属意識が高いと、せっかく目の前に用意されているパラレルワールドを選べなくなるかもしれません。

もちろん、そこで選びそこねたとしても、またいくらでもパラレルシフトのチャンスはあるのだから心配はいりません。とはいえ、できれば早めにアセンションパラレルにシフトできたほうがいい。

そのためには、**少しずつ「集団から個へ」と価値観もシフトしていったほうがいい、**ということです。

もしもあなたがひとりで行動するのが苦手なタイプなら、まずは少しずつ、練習しましょう。休日にひとりで過ごしたり、ひとりで食事をしたりする機会を増やしてみることからはじめてみるといいと思います。

「映画」の出演者であることを忘れない

第1章で、私はこの世界を映画館にたとえました。

無数のパラレルワールドは、無数の映画のフィルムのようなもの。私たちはこの世界というスクリーンに映し出された登場人物のようなもの。だから、別のフィルムを選ぶように、別のパラレルワールドを選ぶこともできる。

ブッダの言葉を借りれば、「この世界はマーヤ（幻想）である」ということです。

だから、うまくいかないことがあっても、嫌な出来事があっても、しょせんは幻。仕事で失敗したらどうしよう、○○さんに嫌われたらどうしよう、といった不安や恐怖も幻想。実体はない。

人生はいいことも起きれば悪いことも起きる。すべては映画と同じ、エンターテインメントとして楽しめばいい。映画を見ながら一喜一憂するのと同じように、です。

このように、「世界は映画のようなもの」「すべては夢、幻想」という認識になれれば、あなたの精神はより自由になり、パラレルシフトをしやすくなるでしょう。

……と言っても、実際に「すべては幻想」と思えるようにはなかなかなりません。あたりまえです。それはブッダがようやくたどりついた悟りの境地ですから。

いずれ、あなたが理想のパラレルワールドへシフトし、さらには同じようにパラレルシフトする人が増え、世界全体がよりいっそう非物質化して高次元化していく……という時期がくれば、誰もがこの境地に自然にたどりついているでしょう。

でも、今現在はそこまでいくのはなかなかむずかしい。それでけっこうです。とりあえずは、

「世界は映画のようなもの。私はその出演者だ」

「ブッダが言うように、すべてはマーヤ（幻想）なのだ」

と頭でわかっておけば十分です。

また、「悟り」の境地がどんなものかを理解しておくのも有効です。

たとえば、睡眠中に夢を見ながら、「これは夢だ」と気づいたことはないでしょうか。明晰夢と呼ばれる現象です。

これは夢だ、と気づいてしまえば、崖の上から飛び降りるのも怖くありません。わけのわからない怪物に追いかけられても怖くありません。だって、夢の中の出来事なのですから。

「悟り」というのは、現実（と、私たちが呼んでいるもの）のなかで、同じように「こ

れは夢だ」と気づいてしまった状態のことなのです。

あるいは、こんな説明もできます。

小さな子どもは、テレビにゾンビが出てきたら本気で怖がります。それは、脳が未発達のため、幻想と現実の区別がまだつかないからです。

一方、大人はゾンビ映画を観てドキドキするかもしれませんが、「襲われる！　助けてー!!」と思ったりはしません。画面の中のゾンビは幻想であるとわかっているからです。

これと同じように、私たちが生きている「現実」も、実は本当の現実ではなく、一種の映像のようなもの……と区別できるようになるのが「悟り」です。

年齢を重ねるにつれてテレビに映っているゾンビが怖くなくなったように、この「現実」もまた、「幻想である」と気づける日はいつか来ます。

そのことをしっかりと理解しておくようにしましょう。

マスメディアには触れない

現代社会で生きていて、テレビやネットニュース、新聞などにまったく触れないというのは不可能だと思います。

とはいえ、できるだけマスメディアに触れる機会を減らすように心がけることをおすすめします。

すでに言ったように、良い出来事はニュースになりません。否定的な出来事だけがニュースとして報道・拡散されます。マスメディアに触れれば触れるほど、「世界はネガティブな出来事ばかりで満ちている」という確信が生まれてしまいます。

つまり、否定的な方向に注意が向けられてしまう。そして、ネガティブなパラレルワールドとの共鳴が強くなってしまいます。

ＳＮＳやネットニュースもマスメディアと同様、完全に断つのはむずかしいでしょう。むずかしいけれども、利用は控え目にしたいところです。

理由は、基本的にはマスメディアの場合と同じです。

ツイッターをはじめとするＳＮＳは、かつての匿名掲示板を薄めたような、ネガティブな世界になっています。これを長時間見ていると、注意がネガティブな方に向かってしまうのは避けられません。

ＳＮＳでは自分で誰の発言を読むか選べるから大丈夫じゃないか、と思われるかもしれません。ところが、それがかえって危険なのです。

いつもポジティブな心理状態の人なら別ですが、誰だって不安になったり、落ち込んだりすることはあります。自分の注意がネガティブな方に向かっているとき、ＳＮＳを見ると、否定的な情報ばかりを自ら集めてしまいます。

さらにネットニュースアプリに使われているＡＩは、その人が過去にアクセスした記事のジャンルをもとに、同様の記事を集中的に集めて表示する仕組みを取っています。

ですから、ネガティブな記事に興味をひかれて一度でも閲覧すれば、次から次に似

通った記事が表示されて、ネットニュースアプリはネガティブのオンパレードになります。すると、

「毎日のようにパワハラについての記事を目にしているうちに、上司の何気ない一言に敏感になってきた」

「ママ友の怖さに関する記事ばかり読んで、学校でいつものママ友に会うだけで緊張して疲れるようになった」

こういったことになる。

自分が求めている情報がすぐに手に入ってしまうSNSやネットニュースには強い中毒性があります。だから、つい使い過ぎてしまう。利用を控えめに、と言ってもむずかしいでしょう。

そこで、具体的な方法としては次のようなやり方がおすすめです。

まず、**スマホを使っていい時間を決めること**。たとえば夜8時以降はスマホに触らない、と決めてしまう。すると、自然にそうしたアイテムを使う頻度も減るでしょう。

時間を決めても、やっぱりついスマホに手が伸びてしまう……という人のために、

2つ目の方法。**タイマー式の金庫**を使いましょう。

タイマー式の金庫は、アマゾンで検索すればすぐに見つかります。

これは、もともとダイエット中の人がお菓子などをしまっておくための道具です。

ここにスマホをしまってタイマーをセットすると、時間がくるまでは決して開きません。

これを使って、強制的に「スマホに触りたくても触れない」時間を確保してしまいましょう。

あまりにもスマホ依存が強い人は「そこまでやるのはちょっと無理」「完全にスマホと切り離されるのは不安」と感じるかもしれません。

そこで、3つ目の方法としては、**大型のタブレットを使うこと**をおすすめします。

それも、外出するときにあえてスマホ代わりにこれを持っていきます。

すると、大きくて扱いにくいので、見るのが面倒になる。結果として自然にSNSを見たくなくなってくる、というわけです。

一見、バカバカしく思われますが、スマホに依存する人が多いのは、片手で持てて扱いやすいという理由も大きい。あえて扱いにくい端末にしてみるというのはひとつの手です。

オリゴ糖を大量に摂る

何度も言っているように、パラレルシフトを左右するのはＡＣＦ。つまり、注意力です。

注意を司っているのは脳ですから、脳をケアする生活習慣を身につけたいところです。

その意味で、睡眠をしっかり取るとか、栄養バランスのいい食事をすることには気をつけていただきたいのはもちろんです。

それにプラスして、おすすめしたいのがオリゴ糖をたくさん摂ること。

腸内環境を整える作用があるオリゴ糖は、最近ではスーパーや薬局などで簡単に手に入れることができます。味もくせがなく、砂糖の代わりに気軽に使えます。

このオリゴ糖は、お腹の調子を良くするばかりではなくて、脳にも良い効果をもたらします。

オリゴ糖は、腸内細菌や食物繊維と一緒に働いて、短鎖脂肪酸と呼ばれる物質を大量に生み出します。この短鎖脂肪酸が、脳の慢性炎症を抑えてくれる。

簡単にいうと、ストレスで参ってしまった脳を癒やしてくれるのです。

私が普段、仕事で接している発達障害のある人、あるいは非物質的な世界への感度が強いスターチルドレンといった人たちは、繊細で優れた感受性を持っています。

同時に、情緒が不安定だったり、不安が強かったり、うつなどのメンタルの問題を抱えていることが多いです（あなたもそんなタイプかもしれません）。

その原因は多岐にわたりますが、ひとつには脳が慢性炎症を起こしやすい体質であるということがあります。

脳の調子が悪くなるために、すぐに情緒が不安定になったり、必要以上に心配になってしまったりする。すると、判断や行動がスムーズに行かなくなって仕事や日常生活がうまくいかなくなる。

そればかりでなく、ＡＣＦが乱れてしまうので、パラレルシフトの妨げにもなってしまいます。

オリゴ糖を摂って脳の慢性炎症を和らげると、こうした情緒不安定や不安が軽くなっていくことが期待できます。

もうひとつ、心を落ち着かせ、穏やかに意欲を上げるホルモンであるセロトニンは腸でつくられます。

まだ研究が進んでいる段階で決定的なことは言えないのですが、どうやらオリゴ糖は、セロトニンをつくる腸内細菌を増やす力も持っているようです。この点からも、オリゴ糖は情緒の安定に役立ちそうです。

具体的には、日中は集中力を持ってがんばれるようになるし、嫌なことがあっても「まあいっか」と流せることが多くなる。夜はよく眠れるようになる、ということです。

さて、**オリゴ糖を「大量に」摂るというのはどのくらいの量かというと、一日に10**

グラムを目標にしてください。

ただし、いきなりこの量を摂ると、お腹にガスが溜まってしまったり、下したりする人もいます。**最初は2〜3グラムからはじめて、少しずつ増やしていく**のがいいでしょう。

砂糖の3分の1から半分くらいの甘さがありますから、調味料としても使ってもいいですし、コーヒーなどに入れてもOK。ちなみに、オリゴ糖は吸収されない糖質なので、糖質制限をしている人でも安心して摂ることができます。

食事中にスマホをいじらない

食事について、ぜひ実践していただきたい習慣があります。食事中にスマホをいじらないことです。

昼休みにランチを食べるときなど、ひとりで食事をしているときには、スマホを見ながら……という人は多いでしょう。

これをやめるのは、先ほどの『スマホに触れる時間を減らす』という狙いに加えて、「無意識に」「なんとなく」してしまう行動を、しっかりと意識できるようになるためです。

ひとりでご飯を食べながら、なんとなくスマホを手にしてしまう、というのは無意識の行動です。

無意識の行動というのは、注意を向けていない行動です。たとえば、針に糸を通すような集中が必要な行動には、思い切り注意を向けています。

それと比べると、食事中にスマホを手にして、ロックを解除して、アプリを開いてスライドして……という行動がほとんど注意の向いていない、無意識の行動だとわかるでしょう。

こうした無意識の行動が多くなると、何がいけないか。

まず、ＡＣＦが暴走してしまうということ。つまり、注意を向けたい方向ではなく、ついつい注意が向いてしまう方向、すなわちネガティブ情報に引き込まれやすい。

さらに、こういうときには反すうが起こりやすくなりますから、その点でもメンタルには良くありません。食事中にはスマホをしまいましょう。


そのかわりに何をするかというと、食事中なのですから、食べることに集中してください。**料理をよく見て、匂いをかいで、食感や味をしっかりと味わいます。「いま、ここ」に集中する**のです。

これは、注意をいま行っていることに全力で向けることですから、ACFの訓練になります。

もちろん、じっくり味わったほうが食事の喜びが増すことは言うまでもありません。

さらに、食べられることのありがたさ、命を犠牲にしてもらっていることの尊さが感じられてくるはずです。自然に「ありがとう」という気持ち、言葉が出てくるかもしれません。ポジティブな波動への共鳴が高まります。

食事中にスマホをしまう、というだけのことですが、その効果はとても大きいのです。

ここまで読んでいただければわかると思いますが、スマホに限らず、テレビを見ながら、あるいは本を読みながら食事をするのも避けるべきです。

食事中はしっかりと食べることに集中する。簡単な習慣ですが、実践してみてください。

通勤・散歩を「アセンション加速ワーク」にする

「歩く」という行為も、普段は無意識にやっていることが多いはずです。

たとえば通勤するために家から駅まで歩く。休日に近所を散歩する。そんなとき、私たちは歩くこと自体には注意を向けていません。頭の中では関係のないことを考えています。

そのため、歩きながら反すうが起きて、つらい気持ちになってしまうこともあるでしょう。

単に歩くというだけの行動も、ちょっと意識を変えるだけで、一種のワークになります。アセンションを加速してくれる、効果的な「修行」になるのです。

やり方は簡単です。

歩きながら、心の中で次のように唱えます。

・右足を出したときには「右」

・左足を出したときには「左」

心のなかで、「右、左、右、左、右、左、右、左」と言い続けながら歩く。これだけです。

「右、左」と両方で唱えるのは追いつかない、という人もいるかもしれません。その場合は、まずは「右」だけ、あるいは「左」だけからはじめてください。慣れてくれば両方で唱えられるようになります。

さらに慣れてきたら、次は単に「右、左」と唱えるだけでなく、

・右足を出したときには、地面を捉えた右足裏の感触
・左足を出したときには、地面を捉えた左足裏の感触

を確認しながら歩いていきます。

このワークは、伝統的な「歩行瞑想」を簡略化したものです。歩くという行動にしっかりと注意を向けることでACFを鍛えていくことができます。

それに加えて、メタ認知＝何かを感じている自分を客観的に見る能力も鍛えてくれるのですが、ここではそれも含めてACFの向上に役立つ、と考えてかまいません（メタ認知について興味がある方は、『ブレイン・マネジメント』を参照してください）。

やってみるとわかりますが、歩きながら「右、左、右、左」と唱えるのはかなり忙しい。「右、左と言う」ための情報処理だけで脳はいっぱいいっぱいになってしまいます。他のことを考える余裕はありません。

ですから、歩きながらつい反すうしてしまうことが多い人は、反すうの機会を減ら

せるというメリットもあります。

パラレルシフトに過去は影響しないと知る

これまでどんな人生を生きてきたかで、いまのあなたが決まる。

そして、これまでの人生、いまの生き方が、あなたの未来を決める。

これは、あたりまえの考え方に見えるかもしれません。

実は、あたりまえではありません。正確には、これまではたしかにそうでした。しかし、これからは違います。

過去生が未来を決める、というのは、すでに通用しない考え方になっています。

なぜか。いままでの宇宙、そして地球、世界は、かなり物質的な世界でした。物理的な制限、不自由から逃れられなかった。森林を伐採すれば１００年間は元にもどらない。体に悪いものを食べ続けた人は早死にする、という法則が通用していた。その意味で、過去から現在、そして未来への一貫性があったのです。

しかし、第2章で述べたように、地球は非物質化しつつあります。宇宙が高次元化していることはみなさんもご存知の通りです。

いまや、**過去から未来への一貫性はどんどん弱くなっていて、いずれ消滅します。**

つまり、あなたはこれまでどう生きてきたかに縛られることはない。だからこそ、目の前にアセンションパラレルを、自由に選ぶことができるのです。

にもかかわらず、**過去に縛られていた時代の意識のままでいるのはもったいない**ことです。

子ども時代に、こんなにつらいことがあったから。昔こんな失敗をしたから。過去生で起きた悲しい出来事の影響があるから。だから、いまの私は不幸で、未来にも希望がない——そんな意識でいては、ネガティブなパラレルワールドとの共鳴が強まってしまいます。

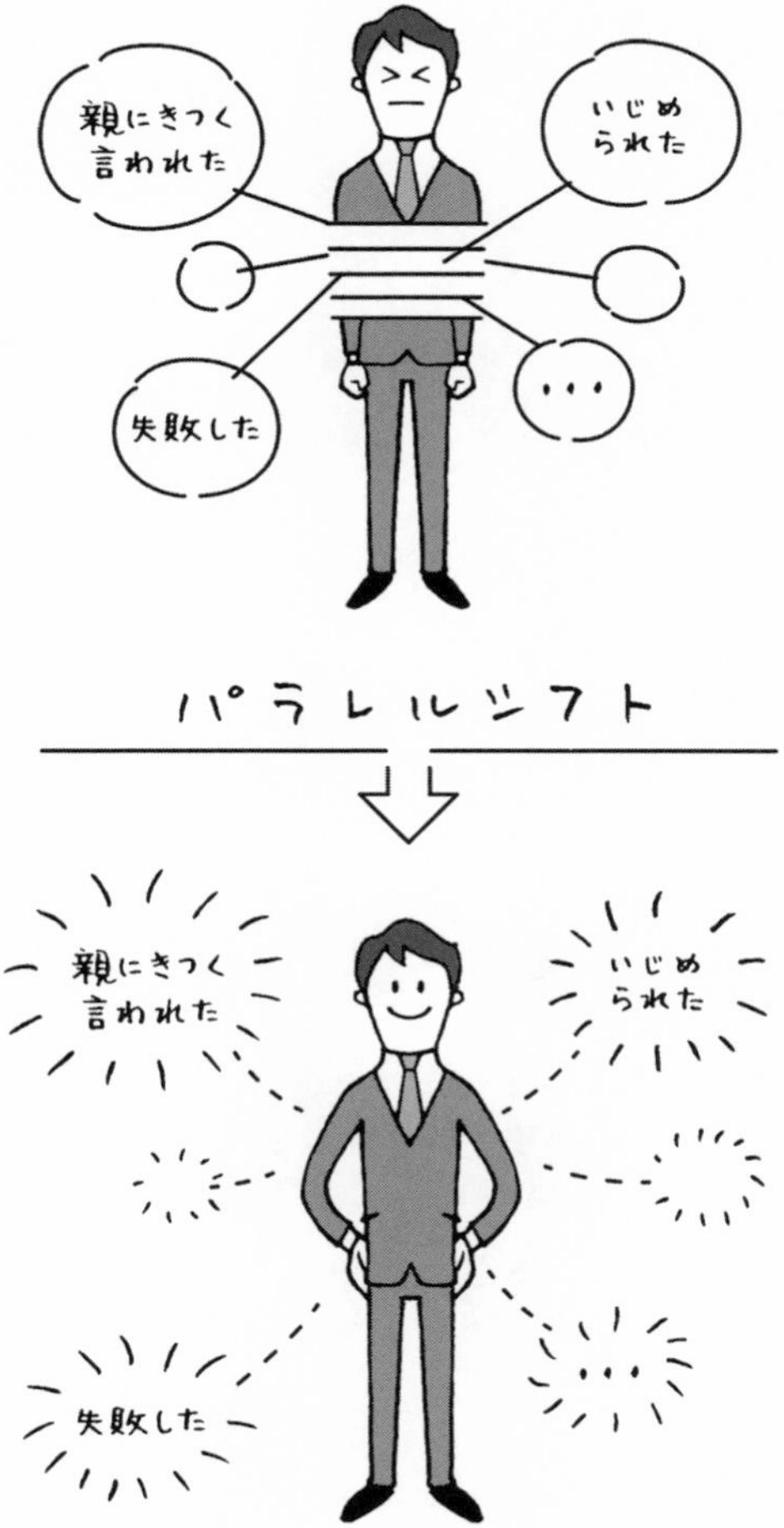
親にきつく
言われた
いじめ
られた
失敗した
・・・
パラレルシフト
親にきつく
言われた
いじめ
られた
失敗した
・・・

目の前にある、本当にあなたが求めているパラレルワールドに気づくことさえできないかもしれないのです。

あらためて、確認しましょう。もはや、過去は未来に影響しません。あなたのパラレルシフトに過去は影響しない。

不安になるたびに、くり返しこのことを確認するようにしてください。あなたは自由です。

アセンションゲートは閉じないことを自覚する

2020年のはじめ頃から、こんなことが盛んに言われました。

「今年の夏至にアセンションゲートが閉じる。それまでに魂を浄化し、アセンションしなければ取り残される」

そう言っていたスピリチュアル系のインフルエンサーたちは、夏至が過ぎると何事もなかったようにこう言い始めました。

「アセンションゲートは、冬至に閉じる。それまでにアセンションできない人は取り残される」

そしていま、この人たちは相変わらず「アセンションゲートは２０２１年中に閉まる」と言っています。

彼らの発言は、要するに集客のためのマーケティングです。「アセンションゲートが閉じる」と危機感を煽ることによって、不安になった人たちにお金を出させようとしている。

好意的に解釈すれば、みんなが危機感を持って、真剣にアセンションに向けた努力に取り組むように、という善意から出た発言だったのかもしれません。

いずれにせよ、間違いのないことは、アセンションゲートは閉じなかったし、これからも閉じない。

アセンションから取り残される人はいない、ということです。

考えてみてください。アセンションは、簡単に言えば宇宙全体の高次元化です。もし、そこから取り残される人がいるとしたら、それはアセンションではありません。

世界は、間違いなくアセンションに向かっています。地球は非物質化しているし、物質的レベルでの問題（戦争や貧困）も改善してきている。アセンションはいずれにしても訪れるのです。何も心配はいりません。

ただ、この本で述べてきたように、良いパラレルワールドを選べれば、よりラクに、スムーズに、アセンションにたどり着けるというだけのこと。

ですから、くり返しになりますが、この章で紹介した習慣も、「やらなければいけない」とか「できない人はアセンションから取り残される」といったものではありません。

あなたは、気が向いたときにマイペースで実践してもいいし、しなくてもいい。実践できればさらにアセンションが加速する、というだけのことです。

アセンションゲートは決して閉じません。

あなたはいまのままでも十分にアセンションできます。

この本で学んだことを生かして、より幸福で、スムーズにアセンションできるパラレルワールドを選ぶこともできます。でも、「いまのままではいけない」わけでもない。

もう一度言っておきます。あなたは自由です。

自由だからこそ、あなたが望むアセンションパラレルを選ぶことができるのです。

おわりに

世の中はどんどん良くなっている。

本書の中で、くり返し言ってきたことです。

それは、非物質化が進み、冥界・幽界の影響が弱まり、アセンションが近づき——といった霊的なレベルだけではありません。

戦争や犯罪が減っている、人々の暮らしが豊かになっている、といった、統計に現れるような現実的なレベルにおいても、そうなのです。

世の中が良くなっている、これからも良くなっていく、というのは、霊的に見てもデータで見ても間違いないわけです。

このすばらしい変化は、個人にとってはどのような意味を持っているのでしょうか。

それは、人が幸せになるための方法がはっきりわかってきた、ということです。

この本でパラレルシフトをしやすくなるための技法として紹介してきた、脳科学や医学に基づいたさまざまなノウハウが、まさにそれです。

今のところ、こうした知識はまだそれほど普及してはいません。けれども、幸せになりたいと本気で考え、行動する人は、誰でもそのための方法にたどり着ける時代なのです。もちろん、科学的な方法に加えて、スピリチュアルな手法をも学べればよりいっそう有利になります。


この先に、明るい未来が開けることがわかっていれば、過去の意味も変わってきます。

「終わり良ければすべて良し」という言葉があります。結果的にうまくいけば、過去の不幸な出来事も、幸福にたどりつくための意味ある出来事だったと思えるようになる。

「あれがあったからこそ、今がある」

と言えるようになるのです。

今、コロナ禍の中で、世界にはさまざまな制限、不自由が満ちています。しかし、

明るい未来が開けているということを考えれば、いまのこの状態も、

「世の中をデジタルシフトさせるためのきっかけ」

「不合理な働き方をあらためて、生産性を高め、もっと豊かな世界に移行するプロセス」

「社会を支えてくれている人々への感謝の気持ちを思い出すチャンス」

ととらえることができます。

同じことは、あなたのこれまでの人生についても言えるでしょう。

本書と出会ったことで、あなたはパラレルシフトという手段を手に入れました。望み通りの未来を、手に入れようとしているのです。

ということは——

これまであなたは、いくつもの不幸に見舞われてきたかもしれません。

もしかすると、今現在、つらい時間を過ごしているのかもしれません。

けれどもあなたは、理想の未来にたどり着いたとき、

「あれがあったから、今がある」

と思えるはずです。どんな意味があったのかは、そのとき考えればいいでしょう。

今はただ、あなたが理想の未来を手に入れつつあることを、もう一度確信してください。

そして、この本で書いたことを、ひとつでもいいから実行にうつしてほしいと思います。

もちろん、私もできる限りの応援をします。この本を通じて、あなたにエネルギーを送り続けることを約束します。

けれども、忘れないでください。

未来を選ぶのは、あなただということを。

吉濱ツトム　よしはま・つとむ

IQ160の天才アスペルガー。幼少期より特別な能力を持ちながら、重度の自閉症とアスペルガー症候群を併発。19歳のときに訪れた環境の変化により、一念発起して脳神経学を研究する。さまざまなセルフワークや方法を取り入れ、発達障害を克服する。現在は、同じ発達障害を持つ人へのカウンセリングや教育など、多岐に渡り活躍の場を広げている。
主な著書に、『ブレイン・マネジメント』(ビオ・マガジン)、『今ひきこもりの君へおくる 踏み出す勇気』(ベストセラーズ)、『2040年の世界とアセンション』(徳間書店)、『アスペルガーとして楽しく生きる』(風雲舎)など多数。

アセンションパラレル

すべて望み通りの世界へシフトする

2021年6月20日　第一版　第一刷
2023年3月3日　　　　　第四刷

著　　者　吉濱ツトム

発 行 人　西 宏祐
発 行 所　株式会社ビオ・マガジン
〒141-0031　東京都品川区西五反田8-11-21
五反田TRビル1F
TEL:03-5436-9204　FAX:03-5436-9209
https://www.biomagazine.jp/

編　　集　有園智美
編集協力　川端隆人
デザイン　堀江侑司
D　T　P　大内かなえ
イラスト　キムラみのる

印刷・製本　株式会社シナノパブリッシングプレス

万一、落丁または乱丁の場合はお取り替えいたします。

ISBN978-4-86588-097-7　C0095

ENERGY MARK

エネルギーマーク

お名前 **生年月日**

この図形は、プレアデスにある星の建物を、上から見たときの形です。

この世界に戻ってきてからその形を再現したところ、エネルギーマークとして使用できることがわかりました。

日常的に持ち歩いたり、本文P142の「エネルギーマーク注視法」でご使用いただいたりなど、さまざまな用途でご活用ください。

また、このマークには吉濱より遠隔でエネルギーをお送りしています。

名前と生年月日を記載してください。マークが中継地となり、お送りしているエネルギーを受け取ることができます。